U0507349

颜海波 ◎ 著

植根中华 融入当地

华文教育专业本科人才培养模式研究

山西出版传媒集团

山西教育出版社

型短缺问题，推动华文师资队伍培养从"输血"到"造血"的转变，积极推动中华文明融入世界。

目前，国内有暨南大学、华侨大学开设华文教育本科专业，主要面向海外招收35周岁以下的华侨华人，培养海外华文师资和教育教学管理人员。探索华文教师职前教育专业化培养，开展华文教育专业本科人才培养模式研究已成为当务之急。华文教育本科专业培养对象的特殊性、差异性，给人才培养的质量和效果提出了挑战。培养目标与专业发展战略取向的不对等、现有专业培养标准的缺失、课程设置的现实差距、培养方式的困境等问题，对人才培养模式改革的实施与推进造成了不同程度的影响。人才培养模式是一个系统整体，各要素之间相互关联、相互作用。找准人才培养模式研究的切入点，进一步分析现有人才培养模式各要素的缺陷与不足，探讨什么样的人才培养模式更有利于华文教育本科专业人才培养，人才培养模式改革该朝什么方向改进，以及如何发挥华文教育本科专业人才培养植根中华文化，传承、传播民族语言，融入当地与加强文化认同的引领作用，有针对性地开展研究工作，具有重要的理论意义和实践价值。

华文教育专业本科人才培养模式，主要是在一定的教育理念指导下，以培养高质量的准华文教师这一师范专业应用型人才为目标，以知识、能力与素质相互协调的培养标准为中介，以语言类课程、文学文化类课程、教育类课程相互支撑的课程设置为载体，以分层分类、植根实践和融入当地等培养路径为保障，注重华文教育本科专业培养对象特殊性、差异性，形成逐层深化、循序渐进、系统完整的培养过程模型与操作样式，具有不同于中文师范专业、外语师范专业的特性。

本书的研究思路如下：

首先，从学理上探讨人才培养模式的内涵和理论基础，运用系统管理过程理论开展人才培养模式的理论依据分析，逐层深化人才培养模式四要素分析，寻找系统管理过程理论与研究内容的适切性，并将人才培养模式各要素纳入分析框架，展开培养目标、培养标准、课程设置、培养路径的关联性探讨，构建合理的分析框架模型，为后续的华文教育专业本科人才培养模式的内容分析奠定基础。

其次，结合分析框架，以华文教育专业本科人才培养模式调查分析为出发点，基于学生问卷调查、教学管理人员和一线教师访谈调查的资料，总结分析人才培养模式所面临的现实困境与实然状态，重点围绕"培养目标—培养标准—课程设置—培养路径"这一人才培养模式研究主线，基于人才培养的属性特征和理论基础，思考华文教育本科专业人才培养的何去何从，实然与应然的差距，明确"培养什么人、怎样培养人、为谁培养人"在华文教育专业本科人才培养模式中的具体指向，为华文教育本科专业人才培养提出优化建议。

再次，进一步审视人才培养模式的目标和内涵，结合当前国家文化软实力战略，观照中观层面专业培养目标确定过程中，学科专业、社会因素、学生因素等逻辑起点所蕴含的培养目标的文化属性、社会属性和人本属性的实现；基于学生群体、学校主体、政府部门等不同利益相关者主体审思人才培养目标，以拓展对培养目标的认识与理解。借鉴专业类教学质量国家标准、国际汉语教师标准和华文教师证书标准，从华文教师所具备的知识、能力、素质角度出发，探索华文教育本科专业人才培养标准体系的研究。

最后，以微观层面的课程体系为立足点，以人才培养方案的课程设置为样本，从课程类型、课程门数和课程内容等方面开展比较分析，总结课程设置的共性与差异，围绕培养标准与课程设置的矩阵关系，以专业人才培养标准顶层设计统筹课程体系，为优化我国华文教育本科专业课程设置提供思路。针对华文教育专业学生来源多样性、招生被动化、海外华语学习者构成多元化等现实问题，充分利用本土的资源优势转化为提高华文教育本科专业人才培养质量的现实优势，创新培养路径的设计思路和实施策略，从华文教师培养角度，探索分层分类培养方式、一体化实践教学体系和合作办学途径，进一步完善华文教育专业本科人才培养体系，为华文教育专业本科人才培养模式创新提供合理化、可行性建议，为开展华文教育本科专业人才培养的高校提供借鉴，以及为华文教育工作者制定涉侨教育决策提供有益的参考依据。

本书是在作者博士学位论文的基础上写成的，是作者从事华文教育专业本科人才培养模式研究的成果总结。因能力有限，难免存在疏漏，望读者、专家不吝指教。

目　录

绪 论

第一节　研究缘起

　　海外华侨华人非常重视华文教育。华文教育作为一定历史时代的产物，是华侨华人传承和弘扬中华民族优秀传统文化、保持民族特性的重要保证，是促进华侨华人与祖（籍）国联系的桥梁，是凝聚侨心的纽带，也是涵养侨力资源的根本途径。随着我国国际地位和国际影响力的日益提高，海外华文教育发展迅速，尤其在中国对外经济文化交流日益频繁、"一带一路"倡议进一步推进、国家文化软实力不断增强的基础上，海外华侨华人学习华文的愿望十分强烈，对华文教育的需求较之以往更加迫切，发展海外华文教育的热情更加高涨，对华文教育的师资需求也非常强烈，迫切需要一大批综合素质高的语言教学专业人才，培养一批掌握华文教育的基本知识和专业技能，具有较强的汉语应用能力、熟悉中国文化、能从事华文教学、学校教学管理、教育行政管理、汉语应用、文化交流、文化管理等方面工作的应用型人才，帮助海外开展华文教育。

　　国内华文教育学科建设的重点高校——暨南大学、华侨大学，因为特殊的办学使命和办学任务，于2004年、2005年分别向中国教育部申报开设主要面向海外招生的华文教育本科专业，提出了开办目录外新专业——华文教育本科专业的申请，希望通过正规的系统教育，为海外培养一支高素质、专业化的华文师资队伍。2014年，云南师范大学向中国教育部申请增设华文教育本科专业，主要招收统一参加全国高考且分数线在二本线以上的中国学生，依托云南华文学院开展办学，从2015级至今连续招收了4届中国学生共225

人，^①其中2015级招收的93人已于2019年6月毕业。^②经过这么多年的培养，华文教育本科专业人才培养取得了一些成绩，在提高华文教师水平以及解决海外华文教师紧缺方面发挥了积极的作用。但也存在一定问题，在人才培养过程中普遍存在重知识轻能力、重理论轻实践的倾向。在我国积极推进国家语言战略之际，仅仅依靠这几所学校^③开办华文教育本科专业仍不够，需要更多的高校参与华文教师职前教育专业化培养。因此，面对华文教育本科专业培养对象、培养目标和培养过程的特殊性，如何构建、完善华文教育专业本科人才培养模式，培养一批优质华文师资，成为亟待研究的课题，同时具有重要意义与价值。

一、华文教育本科专业培养对象的特殊性、差异性

华文教育本科专业培养对象的特殊性、差异性给人才培养模式的实施提出了现实挑战。华文教育本科专业，主要面向海外招收将来有志于从事华文教学工作的华裔青年，培养华文教育师资和教育、教学管理人员。华侨华人群体是我国重要的国际支持力量，华文教育不同于单纯的汉语教育，是维系全球华侨、华人群体民族情感的重要纽带。在"一带一路"倡议背景下，华文教育需求与日俱增，如何培养合格的、高质量的华文教育实施者具有现实意义与价值。就来华留学生教育而言，由于全球汉语热的持续和东南亚等华侨华人传统聚集区汉语教学的日趋普及，来华接受学历教育的留学生数量迅

---

①华文教育本科专业的特殊性迫使云南华文学院2019年开始暂停招收华文教育专业中国本科生。该专业主要面向海外培养华文师资，没有被列入国内中小学校教师招聘目录中，使得学生无法进入国内中小学从事教育事业。从中反映出专业培养目标的特殊性。

②云南省周边国家华侨华人数量较多，华文教师需求量大，但由于经济发展相对落后，使得该专业学生赴周边国家就业积极性不高，并且该专业在国内社会认知度较低，从另一层面体现出专业培养对象的特殊性。

③经咨询云南师范大学相关工作人员，2019年开始暂停招收华文教育专业中国本科生，暂停招收时限主要根据人才市场需求情况和周边国家就业环境而定，待华文教育本科专业留学生数量达到一定规模，办学条件日益成熟之时，再恢复招生。经查询云南师范大学2020年招生简章（2020年7月6日），华文教育本科专业自2020年起隔年招生，实行"2.5+0.5+1"的人才培养模式。目前我国开设华文教育本科专业的高校有暨南大学、华侨大学和云南师范大学。因此，本书主要以暨南大学、华侨大学华文教育本科专业作为研究对象，不包括云南师范大学的华文教育本科专业。

速增加。根据教育部数据统计，2016年接受学历教育的外国留学生总计209966人，占来华生总数的47.42%，比2015年增加25167人，同比增加13.62%[①]；2018年接受学历教育的外国留学生总计258122人，占来华生总数的52.44%，比2017年增加了16579人，同比增加6.86%[②]。可见，留学生学历教育发展势头较好，大有可为。同时，伴随华文教育走向世界，在全球影响与需求日渐扩大的当今时代，华文教师、国际汉语教师急缺等背景下，华文教育专业本科人才培养模式的实施，其目标是培养一大批优秀的准华文教师，以及做好华文教育在世界范围内的推广，满足海外日益增长的师资需求，帮助海外开展华文教育、解决师资短缺问题，探索华文教师职前教育专业化培养途径。通过审视华文教育专业本科人才培养模式来提升华文教师培养质量，切中了全球化背景下对华文教师的特殊要求，具有现实针对性。

华文教育专业本科学生这一群体有着自身的特殊性，他们是来自海外的华侨华人，由东南亚各国华侨社团或华文教育机构推荐，经中国驻当地使领馆审核后报国务院侨务办公室审批录取，来中国高校（暨南大学、华侨大学等）深造学习华文教育本科专业，毕业后再返回居住地就业，从事华文教学与管理工作，属于定向培养。生源质量参差不齐，体现出多样性与差异性相结合。一是学生来自不同的国家，来源多样，文化与语言背景各异；二是学生汉语水平和学习能力的层次多样，并且呈现出学生层次差异大、水平参差不齐的特征，学生个体汉语程度各异，同一专业有的学生汉语水平相对较好，而有的学生汉语水平则比较弱。华文教育本科专业培养对象的特殊性、差异性，在特殊专业发展战略取向定位基础上，给培养目标的确定、课程设置的安排、培养方式的推进都提出了挑战。同一专业不同的课程设置形式与培养途径安排，给人才培养的质量和效果造成了不同程度的影响。因此，有必要开展华文教育专业本科人才培养模式研究，进一步体现生源特性和培养环境的差异，在海内高校培养海外华侨华人学生，把培养场所转换为海内，

---

① 《2016年度我国来华留学生情况统计》，http://www.moe.gov.cn/jyb_xwfb/xw_fbh/moe_2069/xwfbh_2017n/xwfb_170301/170301_sjtj/201703/t20170301_297677.html，2017年3月1日。

② 《2018年来华留学生统计》，http://www.moe.gov.cn/jyb_xwfb/gzdt_gzdt/s5987/201904/t20190412_377692.html，2019年4月12日。

以满足海外的就业市场所需，培养更多高素质的华文教师，解决目前海外华文师资数量型短缺和质量型短缺的问题，以推动华文师资队伍的培养从"输血"到"造血"的转变，提升华文师资队伍整体的学历和专业水平，实现华文师资队伍的可持续发展。①高素质的华文师资队伍培养需要有效的职前教育专业化培养体系，探讨什么样的人才培养模式更有利于华文教育专业本科人才培养，是本书关注的研究问题。

面对华文教育本科专业生源质量良莠不齐、同一专业学生汉语水平不同的现状，我们最终要明确培养什么样的人以满足海外市场的需求，其应具备的知识、能力和素质也应予以明确，这就涉及专业培养标准。而这正是目前所缺失的，并且培养标准是对人才培养质量评价反馈的重要测量指标。所以，开展专门性研究确有必要。由于海外华文教育发展的特殊性，海外华文教师的语言背景多样化、文化背景多元化，对资格认证的需求也不同。②国家介入华文教育的主要手段是资格制度框架与政策供给。推行华文教师证书③，目的在于促进华文教师素质及教学水平的提高，其中华文教师标准与华文教师测评大纲是华文教育机构认定华文教师职业能力的重要参考，也是华文教师资格制度框架的重要内容，更是确定华文教育政策制定起点和调节范围的重要依据。健全华文教师资格制度框架，是华文教育改革发展的一项顶层设计，而华文教师资格考试的推行也为即将成为华文教师或希望从事华文教育事业的准教师设立了门槛和标准，涵盖了华文教师的职业操守、专业知识、专业技能等方面。华文教育本科专业，作为吸纳一批热爱汉语、喜欢中华文化留学生的本科专业，其专业设置的首要目的是培养华文教师。从研究问题角度出发，结合华文教师资格制度框架思考华文教育本科专业人才培养标准，其核心是标准体系的可描述、可测量、可评价与培养目标的可达成，有利于保障华文教育本科专业的办学质量和培养质量，更是保证华文教育质量的一道屏障。开展华文教育专业本科人才培养模式中的培养标准分析与探

---

① 周东杰：《华文教育师范生培养方案实证研究——以华侨大学为个案》，华侨大学2016年硕士学位论文，第2页。

② 原鑫：《华文教师个体背景因素与教师证书考试表现的关系》，《云南师范大学学报（对外汉语教学与研究版）》2019年第1期，第83页。

③ 国务院侨务办公室组织推行华文教师证书，面向在海外从事华文教育工作的教师及华校管理人员颁授。

讨，有利于形成华文教师职前教育专业化培养的知识、能力和素质的统一评价标准。并且，面向留学生招生的华文教育本科专业，不仅仅是培养华文师资队伍，还有对留学生本科专业设置的示范与深化，能引领留学生本科专业走向世界，并为之提供借鉴与参考。

二、华文教育本科专业植根中华、融入当地与文化认同相统一

华文教育本科专业植根中华、融入当地与文化认同相统一给人才培养模式的推进提出现实要求。华文教育专业本科人才培养的目标是培养学生成为能从事华文教学与研究、学校教学管理、汉语应用等方面工作的应用型人才。华文教师担负着提升华文教育水平，传播中华文化，培养有华文文化气质的世界公民，联系海外华侨华人社会、华侨华人社团和非华裔居民社区等重大责任。[1]培养目标必须与专业发展战略取向相结合，探讨人才培养模式改革该朝什么方向努力，有助于将华文教育专业本科人才培养模式上升至国家文化利益战略高度来认识其培养取向与意义。其中，培养一批融入当地的海外华文教师后备力量，肩负中华优秀传统文化传承与华文教育传播重要使命，是华文教育专业本科人才培养模式研究需要认真探讨的现实问题。

面向海外华侨华人子弟的华文教育对于弘扬中华文化、密切华侨华人与祖（籍）国的联系，具有重要的意义。华文教育是传承和传播民族语言和文化，培养所在国家和华人社会人才的民族教育。[2]海外华文教育是海外华侨华人广泛参与、海外华侨社团广泛支持的传播中华语言文化的重要形式。现如今，华文教育已发展成为在海外植根最深、覆盖最广、最为有效的中华语言文化教育形式，约两万所华文学校散布在世界各地。开展华文教育，不能只限于语言功能的传授，要将语言文字的学习与文化的传承有机地结合起来，使受教育者在学习语言的过程中，了解、继承和发扬中华民族优秀传统文化。华侨华人后裔从小生活在居住国的文化环境中，没有接受中国传统文化

---

①周东杰：《华文教育师范生培养方案实证研究——以华侨大学为个案》，华侨大学2016年硕士学位论文，第1页。

②李铁范：《华文教育学科建设及高级人才培养刍议》，《中国高教研究》2005年第10期，第92页。

的熏陶，"寻根"意识薄弱，甚至对中华文化心存芥蒂。作为华文教育专业本科人才培养重要对象的华侨华人后裔，日后将成为文化传播与沟通的重要使者。站在国家战略的高度，习近平总书记多次强调要将中华文化传播出去，讲好中国故事。海外华文教育关系到华侨华人民族语言文化的传承。华文教育在华侨华人事务中是一项核心工作、基础工作，它是我们民族历史和文化、理想和信念的延续，是我们民族基因传承最重要的一个平台，只有把教育抓好了，其他工作才能够顺利开展。[①]其中，海外华文学校是华侨华人社会的重要支柱，是华文教育融入当地的重要载体，其正处于蓬勃发展、水平不断提升的发展态势。海外华文学校作为中华文化在海外最大、最直接的传播载体，承担着把中华民族语言文化向外族传播的使命，中华民族的文化传统、民族精神主要通过他们的努力而得以代代相续[②]，并传播到五湖四海，这就要求必须要有一批华文教育精英人才，包括教学人员和管理人员。开展华文教育专业本科人才培养模式研究，培养一批适应华文教育发展的高素质专业人才。

华文教育专业本科人才培养模式的推进，不单是优秀传统文化的传承，更多的是汉语推广、走向世界的价值观体现，有利于更好地讲好中国故事、传播中国声音。这是因为语言学理论、文化理论和教学理论构成了华文教育的基本理论框架。[③]语言是文化的载体，是一个民族的文化根基。从本土语言教育来看，本土语言对于历史文化传承、民族身份认同发挥着重大作用。当前，我国的语言教育政策主要是以提升国家文化软实力为目标指向。开展华文教育专业本科人才培养模式研究，对于充分发挥海内高校在培养海外华裔人才、弘扬中华优秀传统文化等多方面的引领作用，挖掘海外华侨社团的内生动力与祖（籍）国的支持有机结合，培养海外友好力量，促进中外文化交流，大力开展中华语言文化教育，具有特殊的地位和作用。同时，华文教育本科专业学生今后将成为沟通中国与海外各国的桥梁，开展华文教育专业本

---

①参见《面向海外华教发展培养学历素质人才——访暨南大学华文学院院长邵宜教授》，《世界华文教育》2019年第2期，第1页。

②参见沈玲：《新时期海外汉语教育的"四化"》，《扬州大学学报（高教研究版）》2013年第3期，第86页。

③参见李铁范：《华文教育学科建设及高级人才培养刍议》，《中国高教研究》2005年第10期，第92页。

科人才培养模式研究，培养一批积极参与中外文化交流的储备人才，意义深远。

随着汉语的地位和影响力的迅速提高，学校主体对华文教育专业本科人才培养模式开始探索与思考，从国家宏观层面的华文教育政策调整出发，进一步深化中观层面的华文教育本科专业人才培养目标、微观层面的课程设置和培养路径，将华文教育的独特作用深入融入"一带一路"倡议中。在培养目标中植根中华优秀传统文化，在课程设置中加强文化认同，将中华优秀传统文化的核心要素注入人才培养过程中，融入当地华文学校的教育事业中，这都是对华文教育专业本科人才培养模式的推进提出的现实要求，具有重要作用。

第二节　研究意义

本书主要以华文教育专业本科人才培养模式为对象，加强人才培养模式的理论与实践分析，能为人才培养模式改革探索提供指导方略，具有重要的理论意义和实践价值。

第一，有利于深化对华文教育专业本科人才培养规律的认识，进一步丰富本科人才培养模式的内涵，从应然层面出发的华文教育专业本科人才培养模式对相关研究具有一定的理论参考价值。华文教育专业本科人才培养模式研究，结合当前国家语言教育政策和文化战略，针对华文教育本科专业培养对象这一群体的特殊性、差异性开展专门性研究，既遵循一般人才培养规律，又重视华文教育本科专业学生的个体差异和发展多样性。分析培养目标的特征，培养对象、培养过程的特殊性，厘清培养目标背后所蕴含的逻辑关系、各方主体的利益诉求，探索以学生知识、能力和素质共同发展作为培养标准的出发点，纠正课程设置中"重学轻术"倾向，加深对华文教育本科专业人才培养规律、目标的认识，进一步丰富人才培养模式内涵。这有利于拓展我国华文教育专业本科人才培养模式的理论体系，为完善高校的具体某一专业本科人才培养模式研究提供理论依据和案例佐证，具有重要的学术价值。

第二，基于人才培养模式思考，提出具体的改革建议，对于完善华文教育专业本科人才培养模式及实施推进具有重要的现实价值。通过对华文教育专业本科人才培养模式现状的调查分析，全面归纳、深入剖析目前华文教育本科专业人才培养所面临的现实问题，旨在解决为谁培养、培养什么样的学生、怎样培养学生三大关键问题，思考如何将本土的资源优势转化为提高人才培养质量的现实优势，提出我国华文教育本科专业人才培养标准构建、课程设置优化和培养路径的实施等方面的针对性措施和可操作性对策建议，为暨南大学、华侨大学和云南师范大学华文教育专业本科人才培养模式调整与优化提供合理、可行的建议，促进人才培养理念的更新，提高准华文教师的培养质量；也为华文教育工作者制定和调整华文教育政策提供参考，推动海外华文教育事业的蓬勃发展；以及为拟开展华文教育本科专业人才培养的高校提供借鉴，进而在宏观上加深对华文教育专业本科人才培养规律的认识。

第三节　有关概念的辨析与界定

一、专业

根据《辞海》定义，专业是高等学校或中等专业学校根据社会专业分工的需要设定的学业类别。各专业的教学计划，体现本专业的培养目标和要求。①根据国家建设需要和学校性质，中国高等学校设置各种专业。它是以学科为依托，根据社会职业分工的需要，分门别类进行人才培养的基本单位。②专业教育是培养各级各类专业人才的教育，而且专业教育被称为"专门教育"。③本书认为专业是专门的学业类别，是具体的某一专业，不特指专业门类。易言之，专业是高校中根据学科分类和社会职业分工需要分门别类进行高深专门知识教与学活动的基本单位。④根据《教育辞典》的解释，专业人才一般指经过某种专门的训练，在某一领域具有专门的知识、技能和能力的人。高校毕业生属于专门人才范畴。专业教育则是在专门的学业领域培养专门人才的培养活动，专业人才是专业教育培养活动的直接结果。本书所指的专业是高校人才培养活动的基本单位，如华文教育专业。

二、华文教育

广义的"华文教育"，经常被用以指称海外华人社会/社区的用华语作为媒介语的教育。⑤华侨大学华文教育研究所认为，华文教育"不仅包括了对华侨和外籍华人及其后裔的教育，也包括对非华裔的外国人施教的对外汉语教学"，"是一门特色极为明显、针对性很强、目的很明确的新兴学科，是一门研究语言文字学、中国文化学、语言应用学、语文和外语教学法乃至包括教育学和心理学、外语和方言等在内的综合性学科"。⑥从地域上看，华文教育既包括针对归国华侨、华裔学生的华文教育，也包括针对海外华侨华人的海外华文教育，并且海外华文教育又包括针对海外华侨的国民教育和针对海外华裔的民族语教育。⑦广义上的华文教育，主要由纳入各国政府教育体系的官

---

① 《辞海（第6版）》，上海辞书出版社2009年版，第3036页。

② 谢桂华：《关于学科建设的若干问题》，《高等教育研究》2002年第9期，第51页。

③ 《辞海（第6版）》，上海辞书出版社2009年版，第3036页。

④ 薛天祥：《高等教育学》，广西师范大学出版社2001年版，第27页。

⑤ 马跃：《华文教育专业的定位与海外华文师资素质需求分析》，《暨南大学华文学院学报》2007年第1期，第4页。

⑥ 华文教育研究所：《试论华文教育的学科定位、特征及其他》，《华侨大学学报（哲学社会科学版）》1997年第3期，第28、31页。

⑦ 姚敏：《华文教育关键影响因素分析》，《语言规划学研究》2017年第1期，第67页。

办汉语教育机构，诸如各国公立大学的中文系或中文专业，公立中小学的汉语课程等，以及由各国华人团体或私人主办的各类华文学校等民办教育体系，还有由中国官方或半官方资助的海外孔子学院等构成。①狭义的"华文教育"，仅指在海外把汉语作为母语、第二语言或者外语的语言教学活动，这种语言教育又被称作"华语教育"②。本书所研究的主要是狭义的华文教育，即指在海外把汉语作为第二语言开展的语言教学活动。

按照《教育大辞典》的定义，华文教育指华人在其入籍国对华侨、华人子女施以中华民族语言文化的教育，以继承和发扬中华民族文化为办学宗旨，教授中国语文和科学文化知识。在此定义的基础上，贾益民认为，华文教育是指以母语或第一语言非汉语的海外华人、华侨为主要教学对象（包括少数华裔学生）开展的中国语言文化教育，在有的国家或地区（主要是欧美）又称中文教育，华文教育的主要内容是汉语言和中国文化。③唐燕儿提出，海外华文教育是指对侨民、外籍华人、华裔和少量非中国血统的外国人进行的汉民族语言文化教育。④在教学内容上，华文教育注重语言与文化并重。在教育目的上，主要通过民族语言和中华文化教育保持华人的民族特质，实现海外华侨华人和华裔的民族身份认同，维系并增进他们与祖（籍）国的感情。⑤综上所述，华文教育包括海外华文教育、港澳台华文教育和国内华文教育等范畴。本书的研究重点是国内华文教育，特指华文教育本科专业，主要从2005年开始通过涉侨高校招收华文教育本科专业学生，培养海外华文师资。

①参见曹云华：《全球化、区域化与本土化视野下的东南亚华文教育》，《八桂侨刊》2020年第1期，第3页。

②参见蔡振翔：《从华文教育到华语教育》，《华侨华人历史研究》1996年第2期，第31页。

③参见贾益民：《华文教育学学科建设刍议——再论华文教育学是一门科学》，《暨南学报（哲学社会科学版）》1998年第4期，第47页。

④唐燕儿：《论海外华文教育的发展及其趋向》，《高等教育研究》2009年第6期，第104页。

⑤参见肖金发：《论华文教育发展提升的三个维度》，《集美大学学报（教育科学版）》2017年第5期，第57页。

三、华文教育本科专业

华文教育本科专业是教育学类本科专业之一，面向海外尤其是东南亚华人，培养具有良好思想道德品质、扎实的教育学和汉语专业知识和技能，能够从事华文教育工作，具有一定研究能力的华文教育及管理人才。[1]华文教育本科专业要求学生掌握海外华文教育教学规律及方法、汉语和中华文化的基本知识，了解中国历史文化，经过汉语听、说、读、写、译等专项技能与综合技能的训练，成为具备扎实的汉语言语能力与言语交际能力，系统的教育学、心理学和第二语言教学理论，能够以汉语为教学语言针对海外华侨华人开展华文教育的良好能力，胜任华文教育工作的师范型人才。本书的华文教育本科专业主要指学历教育，不涉及非学历教育与短期教育培训。

2004年，暨南大学向中国教育部提出开设主要面向海外招生的华文教育本科专业的申请。2005年教育部正式批复，同意暨南大学[2]开办授予教育学学士学位的目录外新专业：华文教育专业[3]。2005年9月开始对海外招生，这标志着暨南大学成为国内第一所开设华文教育本科专业的高校。华侨大学[4]2005年提出申请开办华文教育本科专业，于2006年获批开设此专业。华文教育本科专业学制四年，实行学分制。学生修完培养方案中规定的学分，准予毕业，符合学位条件规定者，授予教育学学士学位。

2014年7月，为进一步促进云南华文教育发展，积极开展中华文化交流与合作，云南师范大学立足云南独特的区位优势，服务国家"一带一路"倡议和云南省"面向南亚、东南亚辐射中心"的建设作用，向中国教育部申请开设华文教育本科专业，招收统一参加全国高考且分数在二本线以上的中国

---

[1]教育部高等学校教学指导委员会：《普通高等学校本科专业类教学质量国家标准（上册）》，高等教育出版社2018年版，第74页。

[2]《教育部关于公布2004年度经教育部备案或批准设置的高等学校本专科专业名单的通知》（教高函〔2005〕7号），2005年3月4日，批准暨南大学设立华文教育专业，可自2005年开始招生。

[3]专业代码为040110S，加有"S"者为在少数高校试点的目录外专业。在普通高等学校本科专业目录（2012年）中，华文教育专业为特设专业，专业代码为040109T。

[4]《教育部关于公布2005年度经教育部备案或批准设置的高等学校本专科专业结果的通知》（教高函〔2006〕1号），2006年3月10日，批准华侨大学设立华文教育专业，可自2006年开始招生。

学生。基于中国学生先天具有语言基础好、中华文化底蕴深厚、教学视野宽等优势条件[1]，2015年云南师范大学获批开设华文教育专业（专业代码为040109T）[2]，开始招收中国学生。云南师范大学华文教育本科专业（师范）主要采取"2+1+1"人才培养模式。"2"意为：前两年（国内）主要是夯实学生的基础，重点学习通识课程、专业基础课程和部分专业主干（选修）课程；"1"意为：第三年（国外）到海外华校（东南亚国家为主）进行教学实习和见习，同时学习小语种、语言文化和部分专业课程，强化实践教学；"1"意为：第四年（国内），回国后继续学习相关专业主干课程和专业选修课程并完成毕业论文。大学四年强化小语种课程的学习，使学生成为"专业+小语种+英语"应用型人才。

根据普通高等学校本科专业类教学质量国家标准（简称"国标"），华文教育本科专业主要面向海外尤其是东南亚华人招生，培养华文师资，而不是以面向国内招收统一参加全国高考的中国学生这一群体为主。云南师范大学自2019年开始暂停招收华文教育专业本科生[3]，原因是该专业较为特殊、国内就业出口较窄、就业压力较大等。鉴于此，云南师范大学华文教育本科专业不纳入本书的研究范围。本书的研究对象主要选取暨南大学、华侨大学两所高校的华文教育本科专业，在概念界定中予以阐述。

四、本科人才培养模式

本科人才培养有广义和狭义之分。从广义的角度来讲，凡是高校有目的地开展的与本科人才培养有关的活动及其组织过程都属于本科人才培养的范畴。从狭义的角度讲，本科人才培养是指高校根据高等教育人才培养的目标和学校的人才培养方案有目的地促进学生全面发展，形成基本专业素养的活

---

[1]上述内容是在与云南师范大学相关工作人员的访谈中获取，具体了解增设专业的基础与理由。

[2]《教育部关于公布2014年度普通高等学校本科专业备案或审批结果的通知》（教高函〔2015〕2号），2015年3月13日，批准云南师范大学设立华文教育专业，可自2015年开始招生。

[3]经查询云南师范大学2020年招生简章（2020年7月6日），华文教育本科专业自2020年起隔年招生。

动及其过程。①本书主要以狭义概念为依据，华文教育专业本科人才培养，是指高校（特指暨南大学、华侨大学）根据高等教育人才培养的目标和学校的人才培养方案有目的地促进学生知识、能力和素质的全面发展，形成华文教育专业基本素养的活动及其过程。从本科人才培养完整体系来讲，应该包括招生、培养、学生管理和就业等诸多环节。本书重点探讨其中的本科人才培养环节，作为深入分析人才培养模式的重要内容。

根据《辞海》的定义，模式一般指可以作为范本、模本、变本的样式。当"模式"被用作特定的术语，则有着不同含义的阐述。人才培养模式，指在一定的教育思想和教育理论指导下，学校为培养目标所构建的知识、能力、素质结构方式和实现结构方式采取的某种构造范式，以及在长期实践中形成的具有稳定性、系统性和典型性的明显风格或特征。②它从培养目标、培养规格和培养方式三方面给其下了定义。人才培养模式主要强调学校为实现其培养目标而采取的培养过程的构造样式和运行方式。人才培养模式是人才培养的方式、方法，是指高校根据人才培养的要求，为学生设计的知识、能力和素质结构及其实现这种结构的方式和方法。③具体某一专业的人才培养模式，是指按照教育理论的指导，根据专业特性所属的培养目标与规格，为学生构建知识、能力和素质结构，形成较为固定的课程体系和培养方式，开展人才培养的全过程。结合有关学者的研究和相关文件精神，本书的"华文教育专业本科人才培养模式"则指以教育理论为指导，围绕海外华文师资队伍培养这一特定目标，遵循一定的程序和发展规律，为促使华文教育专业本科生增长知识、提升能力和完善素质结构而形成的培养过程和运行方式的结合。

就高校人才培养模式而言，按照学者研究，认为其构成要素各有不同，有"三要素说""四要素说"和"几要素说"等观点。④实际上，主要包括培

---

①张世义：《利益相关者理论视角下的高校学前教育专业本科人才培养研究》，南京师范大学2014年博士学位论文，第16页。

②参见郑家茂、张胤：《论研究型大学本科人才培养模式的特点》，《清华大学教育研究》2008年第1期，第108页。

③苗学杰：《对我国地方高师教育学本科专业的浅思——培养目标与模式的应然与实然冲突》，《世界教育信息》2007年第11期，第32页。

④人才培养模式构成要素的具体内容详见第二章：人才培养模式的内涵与分析框架。

养目标、培养标准、培养方式和培养成效等基本维度。考虑到华文教育本科专业就业市场的特殊性，海外就业且属于定向培养；在研究过程中未将评价维度纳入本书范畴，而是将人才培养评价的重要内容纳入培养标准这一维度来考量，视为学生应达到或者实现的知识、能力、素质等目标要求。本书所构建的华文教育专业本科人才培养模式关注的重点是培养过程，围绕"培养目标—培养标准—课程设置—培养路径"展开，形成人才培养模式内部培养过程的逻辑闭环，不涉及评价反馈这一构成要素。培养目标、培养标准、课程设置、培养路径这四大构成要素，在后续的人才培养模式的理论基点和理论框架的论证中予以阐述。综上所述，华文教育专业本科人才培养模式主要包括培养目标、培养标准、课程设置、培养路径等内容[①]，其核心是培养目标，载体是课程设置，联系培养目标与课程设置的中介是培养标准，培养路径是保障。

第四节　研究现状及相关文献述评

　　"人才培养模式"，是20世纪90年代中期开始普遍使用的"中国化"的新概念，带有较为浓厚的中国色彩，国外很少使用培养模式这一概念。它主要是关于人才培养活动的实践规范和基本样式，是对培养目标、培养过程、培养途径、培养方法等要素的综合概括。[②]本书通过检索中国知网、ProQuest等中外文数据库，并查阅有关学术著作，发现人才培养模式研究成果非常丰富，成为本书宝贵的参考资料，也为深入研究我国华文教育专业本科人才培养模式这一特殊的研究对象提供了良好的研究基础和条件。继而，通过对华

　　[①]具体内容分析详见第二章：人才培养模式的内涵与分析框架。后续的内容章节围绕华文教育专业本科人才培养模式的四大要素展开分析。

　　[②]魏所康：《培养模式论——学生创新精神培养与人才培养模式改革》，东南大学出版社2004年版，第5页。

文教育为主题的文献检索发现，华文教育一直是海内外学者关注的重要领域，研究成果比较丰富，多集中于华文学校、华语教学、华文教学、语言教育政策等方面，比如将汉语教学作为第二外语的文献计量分析等。[1]海外华文教育历经了数十年的发展和不断完善，华文教师研究也取得了长足进步。而华文教师培养方式主要有两种：一种是通过中国高校开设的汉语言、汉语国际教育、华文教育等专业培养，一种是通过中国高校与海外院校合作办学（孔子学院、孔子课堂等）培养。[2]对于第一种方式，开展职前教育专业化培养更多从事华文教育的专业人才研究则尤为少见。已有的研究成果对华文教育本科专业人才培养的各要素（如课程设置、培养路径等）都有所论述，进行了一定程度的、具有开拓性的研究。因此，本书主要从华文教育本科专业人才培养、人才培养模式相关研究两个方面出发，搜集并梳理有关文献，综述和评析有关研究主题的重要内容。

一、华文教育本科专业人才培养的国内外研究现状

目前，以"华文教育专业"为关键词在中国知网检索，共检索到29篇论文（含硕士学位论文）。主要集中于专业建设、课程设置、培养途径、实践教学等研究领域。文献量相对偏少，研究样本选择相对比较窄，专门针对华文教育专业本科人才培养的研究非常缺乏。一是因为华文教育本科专业自2005年开设，毕业学生已有十届有余，但国内开设了华文教育本科专业的仅暨南大学、华侨大学、云南师范大学等几所高校，国内目前唯——家专门以华文教育为中心的北京华文学院至今尚未获得学历教育的"执照"。[3]二是研究学者群体主要集中在暨南大学华文学院、华侨大学华文学院，如贾益民、郭熙、唐燕儿、蔡丽、马跃、苏宝华、沈玲等。而针对汉语国际教育专业研究

---

①Yang Gong, Boning Lyu, Xuesong Gao. Research on Teaching Chinese as A Second or Foreign Language in and Outside Mainland China: A Bibliometric Analysis. Asia Pacific Education Researcher, 2018（27），pp.277–289.

②李宝贵、张千聪：《改革开放以来华文教师研究的热点主题、最新趋势与演变特征》，《世界华文教育》2020年第2期。

③郭熙：《关于新形势下华侨母语教育问题的一些思考》，《语言文字应用》2015年第5期，第8页。

的文献受到前所未有的重视。以下主要从华文教育本科专业的性质、华文教师素质要求、课程设置和实践教学体系等方面展开分析。

（一）华文教育本科专业的性质

华文教育本科专业作为全国普通高等学校本科专业目录中的一个专业，有其特殊的发展历史和背景。该专业区别于其他专业的原因并非学科知识内容或研究方法的差异，而在于它的教授对象和教育目的。从专业目标定位来看，主要面向海外招收华裔青年，培养华文教育师资和教育、教学管理人员。

基于华文教育本科专业自身的特殊性，对其内涵与性质的分析，学者有着不同的理解。华文教育本科专业是教育学属下的一门学科，它以汉语言及中华文化知识为基础，以传统教育学为基本内涵，同时与心理学、中国语言文学、文化学等学科相融通。①马跃认为，从华文教育专业的培养目标来看，它是培养在海外从事汉语作为外语或者第二语言教学人员的专业。②从专业的角度看，华文教育专业培养出来的是专业人才，具有坚实的中国语言文化基础，语言获得、学习和发展理论，中国文学、历史、文化知识，教育学、心理学的专业知识等。③华文教育专业的最终目标是研究如何对华侨华人开展汉语教学。

对专业性质的理解会影响到学生对华文教育专业的认同感。为了解学生对华文教育专业的认同情况，杜思婷以社会语言学的语言认同研究为指导，使用问卷调查法对华侨大学东南亚留学生的汉语认同情况开展调查，了解华文教育专业学生对华文教师这一职业的认同和对职业前景的期待，调查结果表明他们对华文教师的职业认同偏低，对华文教育的职业前景认同度不高。④刘文辉等学者对暨南大学华文学院华文教育专业的留学生进行调查，认为学

①陈娜、唐燕儿：《华文教育本科合作办学模式构想与实现途径》，《现代远程教育研究》2010年第6期，第53页。

②马跃：《华文教育专业的定位与海外华文师资素质需求分析》，《暨南大学华文学院学报》2007年第1期，第3页。

③郭熙：《华文教育专业建设之我见》，《暨南大学华文学院学报（华文教学与研究）》2009年第1期，第9页。

④杜思婷：《华侨大学华文教育专业东南亚留学生汉语认同调查分析》，华侨大学2019年硕士学位论文。

习华文有助于增加对华人、中国、华族和中华文化的认同。[①]针对珠三角地区华文教育的调查报告，刘于逸宁[②]则关注该地区华文教育特点的分析，包含语言教学和文化教学的特殊性及优势，进一步指出华文教育专业的特殊性。

（二）华文教师素质要求

华文教育本科专业培养的是未来从事华文教育工作的准华文教师，一般从知识、能力和素质等方面出发考察培养标准。金宁等人提出华文教师要热爱中华文化，要有奉献、团结协作精神和管理能力，注重思想素质，具有汉语言文字学、中国文化学、应用语言学和语言学习理论知识，掌握教育学、心理学、教学法等基本知识，了解中国基本国情等。[③]马跃则认为海外华文教师的素质包括人际沟通能力、教书育人能力、具有学科知识和教学方法的能力、组织能力、与同事合作的能力、与学校周边左邻右舍合作的能力、自省和提高的能力等。[④]贾益民认为华文教师除具备上述素质以外，还应具有卓越的思想素质、优秀的人格魅力和丰富扎实的业务素质。[⑤]郭熙提出，从专业的角度看，一个华文教师必须有坚实的中国语言文化基础，其中包括一般语言学的知识和理论，语言获得、学习和发展的理论，古今汉语的知识，中国文学知识，中国历史和文化知识，教育学的专业知识，心理学的专业知识等。[⑥]

与此同时，检索对外汉语教师、国际汉语教师应具备素质的相关文献，可发现学界开展了诸多讨论与研究，成果丰富。张和生提出，对外汉语教师基本素质应包括汉语本体知识、中华文化知识及跨文化交际能力和第二语言教学技巧。[⑦]徐秀兰则从扎实的中外语言文字基本功、文化内涵素养和情商素

---

①参见刘文辉、宗世海：《华文学习者华文水平及其与中华文化的认知、认同关系研究》，《东南亚研究》2005年第1期，第84页。

②参见刘于逸宁：《对珠三角地区华文教育的调查报告》，吉林大学2015年硕士学位论文。

③参见金宁、顾圣皓：《论海外华文教师的基本素质》，《华侨大学学报（哲学社会科学版）》2000年第3期，第54—59页。

④参见马跃：《华文教育专业的定位与海外华文师资质需求分析》，《暨南大学华文学院学报》2007年第1期，第8页。

⑤参见贾益民：《华文教育概论》，暨南大学出版社2012年版，第201—207页。

⑥参见郭熙：《华文教育专业建设之我见》，《暨南大学华文学院学报（华文教学与研究）》2009年第1期，第9页。

⑦参见张和生、鲁俐：《再论对外汉语教师的素质培养》，《语言文字应用》2006年第S2期，第46—50页。

养等方面对对外汉语教师自身素养做出探讨①。潘玉华从教师标准、教师需求、课程设置出发，提出国际汉语教师应当具备的基本素质，以及素质培养的"三元论"：知识、能力及专业发展。②现有研究多关注国际汉语教师素质培养，而对华文教师素质关注不够，尤其是华文教育专业本科人才培养标准的研究亟待深化。本书通过国际汉语教师标准提出的专业知识要求、业务技能和专业发展要求，可以为未来华文教师的专业化发展，知识、能力和素质的基本框架提供可资借鉴的途径。

（三）课程设置

课程设置是最能彰显某一专业设置的重要内涵指标，亦是人才培养方案的核心内容。专门针对华文教育本科专业课程设置的研究相对偏少，现有研究成果集中于对华文教育本科专业课程设置的构想，以及现有课程设置的依据与比较研究，并提出了各自的看法。

1. 课程设置的构想与现状分析

金宁提出总学分198学分的华文教育本科专业课程设置方案，包括汉语言、文学、文化以及相关学科知识。课程设置必修课包括现代汉语、古代汉语、汉语写作、第二语言教学法、教育学、古典文学选读、现当代文学欣赏、中国文化知识、语言学概论、教育心理学等。③张鹭则从华文教育专业现状出发，分析华文教育专业课程缺乏针对性，各类文化实践活动没有纳入学分系统等问题，并根据华文教育专业的任务和学生特点提出建设课程的建议。如把文化实践活动类课程纳入教学大纲，改革教材内容，实现语言类、教育类课程的平衡，增加教育管理等课程。④

2. 关于教育学类和心理学类课程设置

根据2005级人才培养方案，马跃发现华文教育专业的课程设置中，开设有教育学原理、普通心理学、现代教育技术等课程，初级、中级汉语水平为起点的教育学和心理学课程比例分别占到专业必修课的28%和36%，选修课

---

① 参见徐秀兰：《对外汉语教师素养浅析》，《贵州民族大学学报（哲学社会科学版）》2012年第6期，第178—160页。

② 参见潘玉华：《国际比较视野下的汉语教师标准及素质研究》，中央民族大学2015年博士学位论文。

③ 参见金宁：《海外华文师资培训的课程设置》，《海外华文教育》2000年第2期，第34—35页。

④ 参见张鹭：《华文教育专业课程建设的几点思考》，《佳木斯教育学院学报》2012年第3期，第115页。

中也有此类课程。①郭熙分析研究华文教育专业教育类课程的设置，认为其适合学生语言基础，符合教育科学规律。但是他也提出，教育心理类课程设置存在不足，对于华语基础较差或者华语水平为零的学生，教育学类课程相对较多，理论性太强，与他们未来的工作实际需求不完全相符，需要大量的时间学习汉语，这就要求进一步压缩教育类的课程，综合协调，整合内容，突出核心。他还认为，华文教育专业学生应主要学习汉语和教育，不应该开设英语课程等。②

3. 人才培养方案的课程设置研究

周东杰针对华侨大学华文教育师范生培养方案③，通过实证方法，对人才培养方案的构成要素进行问卷设计，以华侨大学作为个案，通过问卷调查和访谈获取对课程设置的反馈，了解华文教育师范生对课程设置的看法与评价，提出相关的改进建议。周东杰以暨南大学和华侨大学华文教育专业课程设置作为研究对象，从课程类型、课程门数与课程内容三个方面④，用图表与数据形式开展比较，分析课程设置的共同点和差异性，并指出两校的课程设置各有侧重，并提出进一步优化课程结构的建议。

（四）实践教学体系

关于实践教学体系，沈玲提出海外华文教育学科的构想，就华文教育、汉语国际教育和汉语言专业实践教学，从丰富学科内涵，科学设置培养方案，加强实践教学管理和实践教学考核，采取灵活多样实践教学方法，强化实践基地建设，打造品牌实践教学活动等方面开展研究。⑤苏宝华主张应用数字媒体技术，将数字媒体技术与学科专业结合，从学生的兴趣与培养目标出

①参见马跃：《华文教育专业的定位与海外华文师资素质需求分析》，《暨南大学华文学院学报》2007年第1期，第5页。

②参见郭熙：《华文教育专业建设之我见》，《暨南大学华文学院学报（华文教学与研究）》2009年第1期，第10页。

③参见周东杰：《华文教育师范生培养方案实证研究——以华侨大学为个案》，华侨大学2016年硕士学位论文。

④参见周东杰：《华文师范生培养的课程设置比较研究——以暨南大学和华侨大学为例》，《世界华文教学》（第三辑），社会科学文献出版社2017年版，第132—146页。

⑤参见沈玲：《论海外华文教育学科的实践教学》，《宁波大学学报（教育科学版）》2012年第3期，第13—17页。

发，与教学结合，突破传统的学习方法，注重培养其动手能力，培养华文教育专业多元化人才。[①]

蔡丽针对华文教育专业学生教学技能训练开展论述[②]，阐释了《华文教育专业教师技能训练方案》的基本内容，包括表达技能、教学技能、教育技能等训练项目以及训练实施途径等[③]。苏宝华强调通过录制技术，针对师范生开展微格教学、视频制作、主题演讲等系列活动，使教师及学生均可对教学和活动进行回顾、反思，增强学生对教学技能的感性认识，提高其实践技能。[④]关于教学实习，刘宇霞开展华文教育本科专业学生海外实习问卷调查，分析实习前期准备、实习表现和实习后的总结反馈等情况，进一步提出海外实习的建议。[⑤]李倩、戴思远针对云南师范大学华文教育专业学生海外实习情况开展调查研究，发现其优势及存在的不足，并针对相关问题提出建设性意见，旨在促使教育实习的管理更加科学化、系统化、规范化。[⑥]

（五）其他相关研究

项健分析汉语类留学生人才培养路径，探讨分类分层培养，强化汉语知识与专业知识，增强中华文化体验，提升学生人文素养，丰富专业实践等社会实践平台，培养学生应用能力等。[⑦]刘思琦通过问卷调查对华文教育专业学生的心理资本水平进行统计分析，开展对比实验研究，得出"以社交网络为媒介向华文教育专业学生传递能提升学生心理资本水平相关信息的方式是有

[①]参见苏宝华：《应用数字媒体技术培养华文教育专业多元化人才》，《长春理工大学学报》2010年第12期，第97—98页。

[②]参见蔡丽：《论华文教育专业学生教学技能的培养》，《暨南大学华文学院学报》2008年第1期，第19—21页。

[③]参见蔡丽：《华文教育专业学生教育技能培养问题》，《中国成人教育》2010年第5期，第134—135页。

[④]参见苏宝华：《录制技术支持的师范生教学技能培养策略研究——以华文教育专业为例》，《南昌教育学院学报》2011年第3期，第87—88页。

[⑤]参见刘宇霞：《暨南大学华文教育专业本科生海外实习情况调查报告》，暨南大学2014年硕士学位论文。

[⑥]参见李倩、戴思远：《云南师范大学华文教育专业学生海外实习情况调查研究》，《科学导报》2019年第3期。

[⑦]参见项健：《汉语类留学生人才培养路径探析》，《教育现代化》2016年第40期，第26—28页。

效的"的结论。①关于我国华文教育本科专业的合作办学，陈娜、唐燕儿借鉴我国高校与境外学校或社团组织合作办学经验，从拓展合作渠道层面提出全日制模式、远程教育模式，根据华文师资的实际情况通过学分互认和资源共享实现深度合作。②

他山之石，可以攻玉。为了了解海外学者对华文教育专业人才培养模式的研究情况，本书主要以"Overseas Chinese Education"为主题在 Web of Science 英文文献数据库检索英文文献，发现国外期刊仅刊载零星的研究成果，比如，关注华文教育专业信息化教学应用③、近代华侨教育的历史研究④，等等。主要是基于华文教育本科专业是中国教育改革的特殊时代产物，国外对此研究偏少，且多为新加坡、马来西亚、印度尼西亚、菲律宾等国华文教育人士关于师资培养的论著⑤。

笔者进一步以"国外语言教育本科人才培养"为主题来检索英文文献，发现此类成果较丰富，既有语言教育的学习产出评价，也有导师制在语言教育中作用的研究，等等。鉴于华文教育本科专业作为二语习得的重要研究领域，本书关注以英语作为二语习得在欧美国家的相关研究文献，以作为研究的重要补充，此方面文献较为丰富⑥，有教师专业化的定性研究⑦，教师教育

---

①参见刘思琦：《基于社交网络的华文教育专业学生心理资本提升策略研究》，暨南大学 2018 年硕士学位论文。

②参见陈娜、唐燕儿：《华文教育本科合作办学模式构想与实现途径》，《现代远程教育研究》2010 年第 6 期，第 54—57 页。

③参见 Huang Zhehuang, Huang Jianxin. Personalized Overseas Chinese Education Model Based on Map-Reduce Model of Cloud Computing. *College & Research Libraries*, 2019（80），pp.1013-1035.

④参见 Kim, Hee Shin. Overseas Chinese Education and Chinese Community in Korea in the Early of the 20th Century-Focusing on Seoul Overseas Chinese Elementary School. *The Chung Kuk Hak Po*, 2016, pp.341-378.

⑤参见 Lim，C.S. Presmeg, N. Teaching Mathematics in Two Languages：A Teaching Dilemma of Malaysian Chinese Primary Schools. International Journal of Science and Mathematics Education, 2011（9），pp.137-161.

⑥参见 Rustam Shadiev, Wu-Yuin Hwang, Tzu-Yu Liu. A Study of the Use of Wearable Devices for Healthy and Enjoyable English as A Foreign Language Learning in Authentic Contexts, Journal of Educational Technology & Society, 2018（4），pp.217-231.

⑦参见 Anchalee, Jansem. 'Professionalism' in Second and Foreign Language Teaching: A Qualitative Research Synthesis. International Education Studies, 2018（1），pp.141-147.

课程的在线协作学习[①]，以及有效内容教学[②]等方面。重视吸收和借鉴已有相关研究成果，对华文教育专业本科人才培养模式的培养目标的明确、培养标准的构建、课程建设的丰富与完善，都具有非常重要的借鉴意义。

二、人才培养模式相关研究的国内外研究现状

本书以"人才培养模式""本科专业人才培养模式"和"本科人才培养"等作为关键词，在中国知网上开展文献检索，发现人才培养模式相关研究的文献可谓数以万计，非常丰富。关于本科人才培养模式研究已成为高等教育研究关注的热点，其中最多的是"某某学科、某某专业人才培养模式（体系）"研究等。以"人才培养模式"为关键词检索硕士博士学位论文，从2000年至今共有880篇，其中博士论文26篇。博士、硕士论文能体现研究领域的风向标，代表性论文有：《一流大学个性化人才培养模式研究》（王晓辉）[③]、《南京大学"大理科人才培养模式"研究》（叶俊飞）[④]、《药学工作模式转变背景下我国临床药学本科人才培养模式研究》（梁海珊）[⑤]、《药剂专业本科生人才培养模式研究》（侯春丽）[⑥]、《研究型大学本科人才培养质量提升研究》（赵莉）[⑦]，等等。硕士学位论文相对较多，不在此一一枚举。现有已开展系统性研究的博士论文并不多，但以上相关成果为本书的写作提供了重要的研究基础、较为丰富的研究材料，并拓展了研究思路，具有一定的参考价值。

与本书主题相关的著作，有魏所康编著的《培养模式论——学生创新精

---

①参见 Richard Cullen, John Kullman, Carol Wild. Online Collaborative Learning on An ESL Teacher Education Programme. English Language Teachers Journal, 2013（67），pp.425–434.

②参见 Veronika Kareva, Jana Echevarria. Using the SIOP Model for Effective Content Teaching with Second and Foreign Language Learners. Journal of Education and Training Studies, 2013（1），pp.239–248.

③王晓辉：《一流大学个性化人才培养模式研究》，华中师范大学2014年博士学位论文。

④叶俊飞：《南京大学"大理科人才培养模式"研究》，南京大学2014年博士学位论文。

⑤梁海珊：《药学工作模式转变背景下我国临床药学本科人才培养模式研究》，华中科技大学2011年博士学位论文。

⑥侯春丽：《药剂专业本科生人才培养模式研究》，沈阳药科大学2016年博士学位论文。

⑦赵莉：《研究型大学本科人才培养质量提升研究》，中国矿业大学2017年博士学位论文。

神培养与人才培养模式改革》，龚怡祖编著的《论大学人才培养模式》，陈洪玲、于丽芬编著的《高校扩招后人才培养模式的理论与实践》，王旭东、许春燕主编的《本科应用型人才培养模式研究——理论与实践》，程静主编的《高校人才培养模式多样化：诠释与应对》，唐毅谦等编著的《高素质应用型人才培养模式多途径探索的理论与实践》，刘兴全主编的《民族高校"双符双适型"人才培养模式改革的理论探索与实践》等著作。

　　《培养模式论——学生创新精神培养与人才培养模式改革》主要以人才培养模式为切入点，以模式概括、抽象、比较、识别为基本方法，以加强学生创新精神和实践能力培养为主旨，探讨了我国人才培养模式改革的战略取向、条件准备和重点工作，进一步阐述高等教育人才培养模式改革的指导思想、目标方位和操作要领。①《论大学人才培养模式》主要从人才培养的角度，开展人才培养模式定义、要素分析，阐述培养模式的变革机理和策略、实质建构，重点论述培养模式的实践化形式——培养方案。②《高校扩招后人才培养模式的理论与实践》结合国内外人才培养的不同情况，开展人才培养模式的理论基础、理论研究的探讨，对高等教育大众化进程中我国人才培养模式面临的现实审思、层次结构和对策研究，从理论和实践层面作了比较系统的分析。③《高校人才培养模式多样化：诠释与应对》对高校人才培养模式及其多样化嬗变、地区性理工科院校人才培养的路径、高等工程教育人才培养模式的应对与改革、多样化人才培养模式的质量保障、模式建构等进行了较为全面的阐述。④《高素质应用型人才培养模式多途径探索的理论与实践》以高素质应用型人才培养为切入点，全面分析了高素质应用型人才培养的概念、内涵、特点和模式，形成了高素质应用型人才培养理论框架。⑤以上著作为本书研究的深入开展提供了参考依据。

①参见魏所康：《培养模式论——学生创新精神培养与人才培养模式改革》，东南大学出版社2004年版，第422—423页。
②参见龚怡祖：《论大学人才培养模式》，江苏教育出版社1999年版。
③参见陈洪玲、于丽芬：《高校扩招后人才培养模式的理论与实践》，北京师范大学出版社2011年版，第1页。
④参见程静：《高校人才培养模式多样化:诠释与对应》，北京工业大学出版社2003年版，第1—2页。
⑤参见唐毅谦：《高素质应用型人才培养模式多途径探索的理论与实践》，科学出版社2016年版。

本书基于CNKI数据库，以1989年至2020年为检索时间范围段，以"人才培养模式"为关键词、主题词，并且以篇名作为检索项，以高等教育类核心期刊为检索范围，共检索文献996篇，基本上包括了三十多年以来的主要研究论文，大致反映出高等教育人才培养模式研究概貌。从20世纪90年代开始，人才培养模式研究探讨开始进入一个繁荣期，相关研究开始逐年增多，学者们纷纷对其内涵、构成要素、存在的问题、改革路径等方面开展研究。

关于人才培养模式的内涵及构成要素，不同学者基于各自的理解形成不同的观点，详见本书第二章的人才培养模式的内涵与分析框架。

具体到研究主题方面，主要集中在人才培养理念与目标定位、顶层设计的统筹、课程设置内容分析、国内外人才培养模式的比较与评价等。学者们逐渐认识到人才培养模式的多样性，关于某一学科、专业、类型和特点的相关研究不断兴起，而且多以学科门类或者专业类作为研究视角，以应用型、学术型人才培养类型作为研究角度，对具体专业开展人才培养模式的研究。已有研究多集中于宏观层面，如培养理念、培养特点等方面，例如《论大学人才培养模式的历史嬗变》[1]《论研究型大学本科人才培养模式的特点》[2]《跨学科多专业融合的新工科人才培养模式探索与实践》[3]等，而涉及从微观层面揭示人才培养问题的研究也不少，如《市场营销专业"四位一体"人才培养模式的构建与实施》[4]等。具体到本书的研究主题，则以中观层面的教育学专业类的某一具体专业（华文教育本科专业），开展人才培养模式研究，既有自身的特殊性，也有微观层面的课程设置、培养路径的特色。因此，在借鉴他人研究思路和成果的基础上，可以开拓本书的视野和思路。

具体到研究内容，有对人才培养模式存在的突出问题和缺陷做出具体分

---

[1]参见龙先琼：《论大学人才培养模式的历史嬗变》，《湖南师范大学教育科学学报》2006年第1期，第71—73页。

[2]参见郑家茂、张胤：《论研究型大学本科人才培养模式的特点》，《清华大学教育研究》2008年第1期，第108—112页。

[3]参见李丽娟等：《跨学科多专业融合的新工科人才培养模式探索与实践》，《高等工程教育研究》2020年第1期，第25—30页。

[4]参见孙艳华等：《市场营销专业"四位一体"人才培养模式的构建与实施》，《教育现代化》2019年第5期，第44—48页。

析，归纳为人才培养目标模式的单一性、人才培养模式的非最优设计、同一个学科专业只有一个目标。[1]与哈佛大学的教育目标的表述相比，我国部分高校的人才培养目标尚待进一步明确，仍然太笼统，不够明确具体，类似"宽、专、交""精、深、通"等含糊其词的表述仍然存在。[2]目前，高校人才培养模式已不能适应社会的发展，面临着理念的束缚、制度的羁绊、资源的约束等现实困境。[3]研究型大学在本科人才培养模式中存在着一些亟待解决的问题，如科研与教学地位失衡、通识教育与专业教育相互游离、教学管理制度的设计理念与实施成效错位、学科交叉优势尚未发挥等。[4]

关于人才培养模式改革的对策探讨，有从宏观层面的政策引导与顶层设计，如作为中国高等教育再造运动的人才培养模式创新实验，应从整体上思考高等教育的目标定位，养育能引领社会进步的多种人才。[5]有从高校层面出发，强调高校分层定位与人才培养模式密切相关，要处理高校人才培养目标定位与人才培养模式的关系，解决人才培养的"粗放式"与经济社会发展的"精细化"之间的矛盾，以及发挥人才培养模式对于经济社会转型发展的引领功能。[6]有学者提出，人才培养模式的顶层设计，需根据高校的目标需求及来源，科学确立目标框架，合理分解、解释目标，选择合适的内容形成培养方案，对目标进行反馈评价。[7]也有学者从中观层面的专业、微观层面的课程设置方面提出建议，指出专业是人才培养的载体，也是人才培养定位的重要基础，可针对学生差异因材施教，开展分层教学、分类指导、分级达标，如可

①参见杨杏芳：《论我国高等教育人才培养模式的多样化》，《高等教育研究》1998年第6期，第69—70页。

②参见徐高明、张红霞：《我国一流大学创新人才培养模式的新突破与老问题》，《复旦教育论坛》2010年第6期，第65页。

③参见刘献君、吴洪富：《人才培养模式改革的内涵、制约与出路》，《中国高等教育》2009年第12期，第11—12页。

④参见付景川、姚岚：《研究型大学本科人才培养模式——问题及改进策略》，《教育研究》2010年第6期，第77页。

⑤参见潘艺林：《人才培养模式创新的目标与路径思索》，《中国高等教育》2009年第23期，第36页。

⑥参见卢晓中：《高等教育走向"社会中心"与人才培养模式变革》，《教育发展研究》2011年第19期，第27页。

⑦参见王伟廉、马凤、陈小红：《人才培养模式的顶层设计和目标平台建设》，《教育研究》2011年第2期，第58页。

制定"平台+模块"的人才培养方案等。①其他学者从培养理念、培养目标、培养方式、课程设置、培养评价等角度提出看法与见解。

人才培养模式作为"中国化概念",带有较为浓厚的中国色彩。国外很少使用"人才培养模式"这一特定概念,主要渗透在对有关大学教育教学的探讨和论述中,其中有关人才培养模式的理论研究多分散于探讨高等教育思想、理念、目的以及办学、管理等研究。②比如,卡尔·雅斯贝尔斯的《大学之理念》认为,任何一个真正意义上的大学,都要包含三个相互之间密不可分的方面:学问传授、科学与学术研究,还有创造性的文化生活。③伯顿·克拉克在《高等教育新论——多学科的研究》中,从历史的、政治的、经济的、组织的、社会学的地位、文化的、科学社会学及政策分析的八个不同视角出发,通过对学科领域的透视观察高等教育,说明大学和高等教育系统有着多样的目的和模式。④约翰·范德格拉夫在《学术权力——七国高等教育管理体制比较》中,对德国、意大利、法国、瑞典、美国、英国和日本七国高等教育的学术权力结构进行了分国专题研究和比较分析,论述了各国高等教育系统的特征和决策模式的变革,阐明学术权力的基本概念,并且提出层次分析、整合和分化分析、发展分析和利益分析四个分析观点。⑤在他们看来,人才培养模式是与社会对人才的素质需求息息相关的,不同时代有不同的人才需求,要求人才具备不同的素质结构。西方大学人才培养模式大抵包括人文型、科学型、技术型以及混合型四种模式,在具体的操作上存在巨大的差别。⑥虽然他们从不同层面和视角涉及人才培养模式,但整体而言还是缺乏高校人才培养模式的系统性或者专题性研究。本书进而以"教学模式"(Teaching Style)作为关键词开展文献检索,国外的研究成果较为丰富,集中于具体

①参见张建斌、张颖洁:《高等教育大众化背景下人才分型培养模式探析》,《黑龙江高教研究》2010年第12期,第145页。

②参见王晓辉:《一流大学个性化人才培养模式研究》,华中师范大学2014年博士学位论文,第19页。

③参见[德]卡尔·雅斯贝尔斯著,邱立波译:《大学之理念》,上海人民出版社2007年版,第3页。

④参见[美]伯顿·克拉克著,王承绪等译:《高等教育新论——多学科的研究》,浙江教育出版社2001年版,第2页。

⑤参见[加]约翰·范德格拉夫著,王承绪等译:《学术权力——七国高等教育管理体制比较》,浙江教育出版社2001年版。

⑥参见程静:《高校人才培养模式多样化——诠释与对应》,北京工业大学出版社2003年版,第4、7页。

的教学模式的探讨与分析①，以及强调个性化教学模式的实施与构建②等方面。

三、已有研究成果的评述

结合上述文献分析，就目前的人才培养模式研究整体而言，系统性研究偏少，以某个点为切入点的分散性研究偏多，如某某学科、某某专业或某某人才的培养模式，多从课程设置、培养目标、培养途径等方面切入。人才培养模式作为"中国化概念"，国外有关的研究主要体现在教育理念、思想、教学模式等层面的探讨。专业作为人才培养模式的重要载体，是专业建设规划总体设计的落实与实施对象。总而言之，目前对某一专业的人才培养模式的系统性研究不多。

同时，现有研究成果对于华文教育专业本科人才培养模式的目标定位、课程设置、实践教学等关键问题都开展了研究。总体而言，是一种基于问题导向的实践性研究，既有对华文教育本科专业的办学定位的明晰、教师应具备综合素质的探讨，也有对微观层面课程设置的解读与分析，还有对实践教学推进的思考与探索，这些都为华文教育专业本科人才培养模式的改革提供了很好的理论支撑和实践指导。

然而，从研究方法上看，目前关于人才培养模式的研究以文献研究法偏多，更多的是理论层面的探讨，对于课程设置、教育实习开展的调查研究也少见，多是以某一所学校为案例开展实证分析。而本书则把以面向海外招生为主的、开办华文教育本科专业的高校（暨南大学、华侨大学）纳入整体的研究范围，采取定性与定量研究相结合的方法，无论是调查样本抽样的选取、访谈资料的搜集，还是人才培养方案的课程设置的横向、纵向比较，都是对以往研究短板的克服，这将在研究方法层面去拓展、丰富华文教育专业

---

① 参见 Larry Richards. Teaching Style. Journal of Architectural Education, 1987（2），pp.67-68. and Winston Weathers. Teaching Style: A Possible Anatomy. College Composition and Communication, 1970（2），pp.144-149.

② 参见 Robert E. Wright, Philip Hosford. Developing an Individual Teaching Style. Chearing House, 1974（9）：pp.555-559. and Tien-Chi Huang, Mu-Yen Chen, Wen-Pao Hsu. Do Learning Styles Matter? Motivating Learners in an Augmented Geopark. Journal of Educational Technology & Society,2019（1），pp.70-81.

本科人才培养模式研究的内涵。本书基于问卷调查数据与访谈资料，描述了华文教育本科专业的发展现状及存在的主要问题，结合访谈资料在纵深方面对问题的成因开展一定的分析研究。

从研究内容来看，已有涉及华文教育专业人才培养模式的研究多是零散式的讨论，理论研究深入性有待加强。目前，主要关注华文教育本科专业的内部各因素或者人才培养模式的某一环节，仅仅从某一方面开展讨论，没有从广阔的视角来调研、分析华文教育专业本科人才培养模式现状，或者未从整体层面对华文教育专业本科人才培养作深入、系统的分析研究，并剖析其存在的问题，对问题背后的影响因素分析偏少，未能从学生、教师等主体影响因素出发挖掘影响人才培养模式改革的根本性原因。比如，在专业培养目标的确定、人才培养方案的制订及修订中，学生、学校、国家等不同个体或主体代表着不同的利益要求，他们之间是否有互动或者关联的影响，等等。本书基于深入了解并分析目前华文教育专业本科人才培养模式现状，遵循人才培养模式的一般规律，构建可行的、合理的华文教育专业本科人才培养模式的分析框架，为解决华文教育专业本科人才培养中的现实问题提供重要的参考依据。

因此，本书遵循人才培养的一般规律，从人才培养模式各构成要素（培养目标、培养标准、课程设置、培养路径）出发，以一种整体的、广阔的视角审视华文教育专业本科人才培养模式，依据系统管理过程理论，进一步厘清其背后所隐含的培养规律；以华文教育本科专业内部各要素为突破口，从华文教育本科专业的各个群体的关系来透视本科人才培养的问题，以期为相关问题的分析提供一定的实践支持。

第一章　人才培养模式的内涵与分析框架

为了深刻地揭示人才培养模式的本质，为华文教育专业本科人才培养模式研究提供一种逻辑范式，本书构建适切的分析框架，展开内涵范畴的讨论。人才培养模式研究，应以理论基础作为其分析框架的前提。没有内涵探讨、理论依据支撑的人才培养模式是非理性的。华文教育专业本科人才培养模式，不同于一般意义上的人才培养模式，其内涵既要遵循一般的人才培养规律，又要充分考虑华文教育本科专业的特殊性、教学对象的差异性。首先是华文教育本科专业招生群体的特殊性，其主要面向海外招收有志于从事华文教学的华裔或其他族裔青年；其次，教学对象的差异性主要体现在同一专业不同的汉语基础水平，差异较明显；最后，华文教育本科专业有别于一般意义上的"汉语国际教育①（国内学生为主体）""汉语作为第二语言的教学"以及国内的语文教学，它带有文化传承、汉语推广等特征。对华文教育专业本科人才培养模式特殊性的阐明，能避免本书研究沦为一般性本科人才培养模式的探索，而是立足于华文教育专业本科人才培养模式角度下的现状问题与人才培养问题，诸如培养目标、课程设置等。因此，如何寻找适切的理论基础，基于合理的分析框架开展华文教育专业本科人才培养模式研究，则是本章的重点。

第一节　人才培养模式的内涵

人才培养模式问题已成为中国高等教育研究的重要议题。截至目前，人才培养模式的改革与创新依旧是高等教育的薄弱环节。对人才培养模式的内

---

①汉语国际教育本科专业，主要培养能在国内外各类学校从事汉语教学的人才。因为本科专业目录调整，2012年之前为对外汉语本科专业。

涵与构成要素的分析，是开展人才培养模式内涵探讨的重要基础。

一、人才培养模式的概念内涵分析

不同学者基于不同的研究视角对人才培养模式概念内涵的理解各有不同。

第一，强调结构方式的组合。1998年，在第一次全国普通高校教学工作会议上，人才培养模式被确定为：学校为学生构建的知识、能力、素质结构，以及实现这种结构的方式，它从根本上决定着高校人才基本特征，集中体现高等教育思想和教育观念。[①]人才培养模式是教育各要素如课程、教学、评价等的结合，但这个结合不是一个呆板的组织样式，而是一个动态的、强调运行过程的结构。[②]人才培养模式是为实现人才培养目标而把与之有关的若干要素加以有机组合而成的一种相互联系、相互制约、相互作用的系统结构。[③]学者既关注结构方式和系统结构，也强调运行过程。

第二，强调培养样式与范型。龚怡祖全面研究人才培养模式，指出培养模式是在一定的教育思想和教育理论指导下，为实现培养目标，包括培养规格而采取的培养过程的某种标准构造样式和运行方式，它们在实践中形成了一定的特征或风格，具有明显的规范性与系统性[④]。继而，他在《论大学人才培养模式》专著中提出"培养模式是以某种教育思想、教育理论为依托建立起来的既简单又完整的范型，以实现培养目标"[⑤]。金佩华等学者则认为"人才培养模式，就是在一定的教育思想和教育理论指导下，为实现一定的培养目标，而在培养过程中所采取的某种能够稳定培养学生掌握系统的知识、能

[①]参见中华人民共和国教育部：关于印发《关于深化教学改革，培养适应21世纪需要的高质量人才的意见》等文件的通知，http://www.moe.gov.cn/srcsite/A08/s7056/199804/t19980410_162625.html，1998年4月10日。

[②]参见刘献君、吴洪富：《人才培养模式改革的内涵、制约与出路》，《中国高等教育》2009年第12期，第10页。

[③]参见李硕豪、阎月勤：《高校培养模式刍议》，《吉林教育科学》2000年第2期，第43页。

[④]参见龚怡祖：《略论大学培养模式》，《高等教育研究》1998年第1期，第86页。

[⑤]龚怡祖：《论大学人才培养模式》，江苏教育出版社1999年版，第16页。

力、素质的结构框架和运行组织方式"①。魏所康认为人才培养模式是对一定教育机构或教育工作者群体所认同或遵从的实践规范和操作样式的简单概括。②从上述分析中可以看出，将人才培养模式定义为一种培养样式，其所认同或遵从的是实践范型或操作样式的结合。

第三，关注运行机制。姜士伟认为，人才培养模式是为实现一定的培养目标而形成的较为稳定的结构状态和运行机制。③徐兆仁认为，人才培养模式是在一定的教育理念指导下，为实现特定的人才培养目标而采取的教育教学和教育管理的组织形式及其运行机制。④

第四，关注培养过程，并将其定义为一个过程范畴。马周琴认为，人才培养模式包括培养目标和规格；为实现一定的培养目标和规格的整个教育过程；为实现这一过程的一整套管理和评估制度；与之相匹配的科学的教学方式、方法和手段⑤。汪明义提出，人才培养模式是指在一定的教育理念指导下，按照特定的培养目标和人才规格，以相对稳定的课程体系（包括教学内容、教学方法、管理制度和评估方式）和良好的成长环境，实施人才培养的过程的总和。⑥

除此之外，学者们还从人才培养系统、人才培养方案、培养要素组合、教学活动程序等方面予以分析与阐述。

二、人才培养模式构成要素分析

关于人才培养模式基本要素的构成，不同学者有着各自的理解，本书对此做了探索与分析，进一步厘清其构成要素。主要有以下几种观点：

---

①金佩华、楼程富：《研究型大学本科人才培养模式探索》，《高等工程教育研究》2004年第5期，第34页。

②参见魏所康：《培养模式论：学生创新精神培养与人才培养模式改革》，东南大学出版社2004年版，第25页。

③参见姜士伟：《人才培养模式的概念、内涵及构成》，《广东广播电视大学学报》2008年第6期，第67页。

④徐兆仁：《新世纪文科人才培养模式探析》，《中国高等教育》2006年第17期，第22页。

⑤马周琴：《新建本科院校教学管理创新研究》，团结出版社2018年版，第40页。

⑥汪明义：《关于加快教育理念和人才培养模式转变的探索》，《中国高等教育》2011年第8期，第10页。

第一，三要素论。人才培养模式指人才的培养目标、培养规格、培养方案，包括专业培养目标、人才培养规格、学生知识、能力、素质结构、课程体系、教学内容及培养过程等[①]。人才培养模式包括人才培养目标、培养规格和具体的培养方式，按其层次可分为全校性、专业人才培养模式改革和专业培养途径改革三个层次。[②]另外，人才培养目标包括培养目标和培养规格、课程计划和教育内容、教育途径和教育方法[③]。

第二，四要素论。大学本科人才培养模式的结构要素主要包括培养目标、培养规格、培养过程、评估机制四个部分。[④]人才培养模式构成要素，一般会涉及四个主要问题：第一，培养什么样的人？第二，需要什么标准？第三，如何培养人？第四，如何评价培养效果？其中，培养什么样的人是指培养的方向，即培养目标；需要什么标准是指培养标准；如何培养人是指培养方式，也就是培养过程；如何评价培养效果是指培养成果，即教育质量评价。[⑤]高校人才培养模式是教育观念、培养目标、培养规格和培养方式多层面有机结合的产物[⑥]。关于人才培养模式的构成要素由四要素组成，目前持此观点的比较多，如分解为：培养目标和培养标准、教学内容与课程体系、教学方法或者手段、评价方式；或者是教育理念、培养过程、培养制度和质量评价等。

第三，五要素论。史秋衡等认为，人才培养模式由价值取向、培养目标、课程、教学及评价组成，以价值取向为基点、以目标为导向、以课程为载体、以教学为途径、以评价为保障。[⑦]周志田提出，人才培养模式包括教育

①参见刘凤菊、王新平、韩启峰：《本科院校高职教育人才培养模式研究报告》，《中国成人教育》2001年第3期，第52页。

②参见曾冬梅、黄国勋：《人才培养模式改革的动因、层次与涵义》，《高等工程教育研究》2003年第1期，第22页。

③参见魏所康：《培养模式论——学生创新精神培养与人才培养模式改革》，东南大学出版社2004年版，第24页。

④金佩华、楼程富：《研究型大学本科人才培养模式探索》，《高等工程教育研究》2004年第5期，第34页。

⑤参见潘宝秀：《越中普通高校体育教育专业本科人才培养模式比较研究》，南京师范大学2018年博士学位论文，第9页。

⑥李波：《按培养模式重构地方高校课程体系》，《教育研究》2011年第8期，第59页。

⑦参见史秋衡、王爱萍：《应用型本科教育的基本特征》，《教育发展研究》2008年第21期，第34页。

思想与教学观念、专业培养目标和规格、专业设置、教学内容与课程体系、培养方式。①李元元提出，人才培养模式主要包括培养目标、教学运行和组织机制、课程结构、专业设置、培养途径等要素。②姜士伟认为，人才培养模式包括教育理念、培养目标、培养过程、培养制度、培养评价。③

　　第四，六要素论。龚怡祖认为人才培养模式的组成要素包括专业设置模式、课程体系构造形态、培养途径与知识发展方式、教学运行机制、教学组织形式、淘汰模式等，形成人才培养模式研究的基本框架，一定程度上奠定人才培养是作为一个培养过程所决定的多种教学要素相结合的完整体系的基础。④杨杏芳提出，人才培养模式的诸要素包括：导向性要素培养目标、实质性要素课程体系、凭借性要素教学方法、组织性要素教学形式、调控与制约性要素教育教学的运行机制、补充性要素非教学培养途径等。⑤

　　第五，七要素论。刘红梅等认为人才培养模式是教育思想、教育观念、课程体系与教学内容、教学方式与教学手段、教学资源、教学管理体制、教学环境等方面按一定规律有机结合的一种整体教学活动，是根据一定的教育理论、教育思想形成的教育本质的反映。⑥

　　第六，八要素论。李硕豪等认为人才培养模式的关键要素包括：培养目标、选拔制度、专业结构、课程结构与学科设置、教学制度、教学模式、校园文化、日常教学管理等八个要素。⑦

　　综上所述，本书关注专业层面的人才培养模式研究，强调以一定的教育理论和教育思想为指导，围绕特定的培养目标、依据某一专业的人才培养类

----

①参见周志田：《高师院校人才培养模式的理论探讨》，《北京科技大学学报（社会科学版）》2001年第5期，第85页。

②参见李元元：《开放环境下的研究型大学拔尖创新人才培养模式构建》，《现代教育管理》2011年第5期，第99页。

③参见姜士伟：《人才培养模式的概念、内涵及构成》，《广东广播电视大学学报》2008年第6期，第67页。

④参见龚怡祖：《论大学人才培养模式》，江苏教育出版社1999年版，第33页。

⑤参见杨杏芳：《论我国高等教育人才培养模式的多样化》，《高等教育研究》1998年第6期，第69页。

⑥参见刘红梅、张晓松：《21世纪初高教人才培养模式基本原则探析》，《齐齐哈尔医学院学报》2002年第5期，第589页。

⑦参见李硕豪、阎月勤：《高校培养模式刍议》，《吉林教育科学》2000年第2期，第43页。

型和培养标准为参考而构建的"系统结构"。

本书所构建的华文教育专业本科人才培养模式，关注的重点是培养过程，围绕"培养目标—培养标准—课程设置—培养路径"展开，形成人才培养模式内部培养过程的逻辑闭环，不涉及评价反馈这一构成要素。为实现培养目标，通过对与之有关的若干要素加以逐层深化，调整培养标准，优化课程设置与培养路径，构成上述四要素之间相互关联、相互作用的系统管理结构。

在对华文教育专业本科人才培养模式研究分析中，重点围绕人才培养模式的构成要素，对华文教育专业本科人才的培养目标（基础）、培养标准（中介）、课程设置（载体）、培养路径（保障）开展相关研究。培养目标、培养标准涉及价值层面，属于目的要素，是人才培养模式的基准；课程设置属于内容要素，培养路径属于方法要素，两者要与培养目标要求相契合，以及与培养标准相协调，形成互动关系。

第二节　人才培养模式的理论基础

经上述研究发现，人才培养模式是可供人模仿、参考的人才培养的范式和样本，是对人才培养实践活动的抽象、提炼，以明确说明模式结构整体的本质，实现一定培养目标的教育过程。它并不是一个静态系统，更多的是基于培养过程的动态系统。所谓"分析视角"，指的是由某一门学科本身所固有的某些特定的基本范畴和规范构成的一些整理和建构研究资料的基本范式或图式[1]。本书基于系统管理过程理论的视角，在阐述人才培养模式内涵的基础上，提出华文教育专业本科人才培养模式也是一个系统。系统管理是一个层

---

[1]谢维和：《教育活动的社会学分析———一种教育社会学的研究》，教育科学出版社2000年版，第60页。

次结构体，即母子系统，在这个系统中任何给定的管理都可以看成人、物资等要素构成的有机整体，这些相互联系的要素在一定目标下组成一体化系统。①从问题缘起，到理论基础、调查分析，直至培养模式各要素，都体现了模式研究的系统性。它们既相互独立，又相互依存，不可分割，从而构成了一个整体。②具体包括培养目标、培养标准、课程设置和培养路径，进一步揭示上述要素都与华文教育专业本科人才培养模式密切相关。

按照《韦伯斯特大辞典》的解释，"系统"是有规则的相互作用、相互依存的若干要素组成的集合。还有学者提出系统是由彼此间存在着某种联系或可以建立起来某种关系的基本因素组成的一个有序的整体。③当系统管理过程理论应用于人才培养模式时，哲学上的质朴和引人注目的确定性方面或许在要求建立那些制度性系统的宣言中表现得很明显④。比如，准确地表达培养目标，清楚地陈述培养标准，以及怎样被"教育"、怎样联系着其他类型的"知识"，如何去拓展人才培养方式等。

系统管理过程理论的重要内容是系统分析。系统分析开始并不是作为一个管理技术而是作为一个阐述复杂问题本质的模式，它力图表明一个领域内各要素之间怎样相互联系和怎样相互作用。⑤本书将华文教育专业本科人才培养模式作为一个完整的系统，从综合的角度阐述模式的复杂本质，论述重要的系统管理过程对人才培养的影响，并分析各要素之间是如何相互联系与相互作用的，进而提出相应的改革策略。如果说培养模式本身是一个母系统，那么各构成要素本身则是母系统的子系统。⑥一个要素或者若干要素的发展变

---

①转引自杨慧：《基于系统管理理论的高等学校外籍教师管理要素研究》，东北大学2015年博士学位论文，第29页。

②转引自［美］弗莱蒙特·E·卡斯特、詹姆斯·E·罗森茨韦克著，傅严等译：《组织与管理：系统方法与权变方法》，中国社会科学出版社2000年版，第19页。

③杨慧：《基于系统管理理论的高等学校外籍教师管理要素研究》，东北大学文法学院2015年博士学位论文，第30页。

④［美］迈克尔·W·阿普尔著，黄忠敬译：《意识形态与课程》，华东师范大学出版社2001年版，第155页。

⑤［美］迈克尔·W·阿普尔著，黄忠敬译：《意识形态与课程》，华东师范大学出版社2001年版，第157页。

⑥参见李硕豪、阎月勤：《高校培养模式刍议》，《吉林教育科学》2000年第2期，第44页。

化，会引起其他要素的变化，这种要素变化机制构成人才培养模式整个过程的运行方式。[①]其分析思路如下：系统分析是一个力图增强理解变化和稳定的思维模式——亚系统 A 以 X 的形式联系着亚系统 B，亚系统 B 又以 Y 的形式联系着亚系统 C，这种系统结构形成了不同的关系，对 C 的任何改变 Z 将在 A 和 B 中、在所有的联结中有深刻的反映。[②]并且，系统管理过程理论思想更多是为了理解模式，而不是为了控制各要素的模式。各要素不是独立存在的，而是相互协调、紧密依存的。各要素在影响其他要素变化的同时，又在其他要素的作用下发生动态变化，以保持系统管理过程的正常运转。目前，部分人才培养模式研究只局限于某一特定的状态过程当中，从简单的定义出发来思考，事实上，人才培养模式的各要素的状态是相互关联的，受过程的制约，并为整体目标服务。

接上所述，我们可以把系统管理过程理论看作人才培养模式的一个普通的知识性框架，此观点只适用于系统逻辑的教育性作用。通常，人们使用系统方法以获得更精确的、科学的分析。系统管理框架的重要部分涉及并建立在精确表达目标的基础之上，建立在通常与行为目标的详细说明有关的微观水平之上。[③]从系统管理过程理论开始，根据可测量学习者的行为表现来陈述培养目标的价值与意义。以培养目标为中心，根据系统和技术控制，从培养标准、课程设置、培养路径等方面论述人才培养模式这一系统过程之间的相互作用。同时，模式内部包括一定的运行方式和组织结构，遵循人才培养的体系和方法，根据不同的对象找出相应对策，做到有的放矢。在系统管理过程的各环节要求上，借助一切手段和途径，实现人才培养模式的进一步深化和创新，使培养的学生成为社会所要求的人才。

基于这样的假设：系统管理过程仅仅是"科学的"技术，是无息的并能用于"设计"几乎人们面对的任何问题的假设。其实，系统管理过程并不是

---

①参见陈洪玲、于丽芬：《高校扩招后人才培养模式的理论与实践》，北京师范大学出版社 2011 年版，第 4 页。

②参见［美］迈克尔·W·阿普尔著，黄忠敬译：《意识形态与课程》，华东师范大学出版社 2001 年版，第 158 页。

③［美］迈克尔·W·阿普尔著，黄忠敬译：《意识形态与课程》，华东师范大学出版社 2001 年版，第 162 页。

无息的，基本利益主要在于造成和维持了技术控制和确定性，并产生了社会后果。①根本上它最终把目标瞄准在某一规律。从本质上说，人才培养模式是可操作性的，并且在寻求确定性的因素中是固定的。类似我们在讨论教育知识的问题，即在学校中传授的、被视为社会商品和服务的更广泛分配形式的知识，它不仅仅是一个分析问题，也不是一个简单的技术问题，而是"是""如何"或"走向"之类的逻辑性知识。②在人才培养模式的研究中，不仅需要批判性地检视在这一过程中"学生如何获取知识、能力与素质"，还需要认真看待"怎么样把人才培养的特殊性在模式的各要素中予以呈现出来"。人才培养模式必须被看成在某一特定过程中，从所有可能的各要素中做出的选择和组织。那么，这种选择和组织要与在学校里的制度和相互作用的环境联系起来，进而再与人才培养模式的系统结构联系起来。外界因素的发展变化，必然会引起人才培养模式中相关要素的变动，从而可能会引起人才培养模式的革新。

在有关系统管理过程的著作中，像此前课程中的泰勒原理一样，系统管理假定一个系统的有效性能通过"系统的产品在多大程度接近于存在的目的"来进行评估。③"谁来决定什么"和"这些目的应当是什么"等问题，利用系统设计本身作为一个分析性的过程，做出选择与反馈。把人才培养模式视为一个系统管理过程，把关联要素都纳入系统管理的范畴。培养目标是这一过程的基础，培养标准、课程设置是这一过程的过渡阶段，二者之间形成相互影响的关系；根据培养标准来设置对应的具体的课程，并依托培养路径将课程设置与培养目标在系统管理过程中联系起来，形成事实上的内部闭环。

下一步，本书探讨系统管理过程理论与人才培养模式研究的适切性。在系统理论中，系统是相互依赖的各部分以一定形式组合而成的一个整体框架。从上述分析中，不仅要考虑系统的静态结构，更要研究系统的动态变化过程。通过引介系统管理过程理论的核心内容，探讨该理论在人才培养模式

---

① ［美］迈克尔·W·阿普尔著，黄忠敬译：《意识形态与课程》，华东师范大学出版社2001年版，第154页。

②参见［美］迈克尔·W·阿普尔著，黄忠敬译：《意识形态与课程》，华东师范大学出版社2001年版，第81页。

③ ［美］迈克尔·W·阿普尔著，黄忠敬译：《意识形态与课程》，华东师范大学出版社2001年版，第156页。

研究中应用的可行性，建立起理论研究与实践应用之间的桥梁，即人才培养模式需要运用系统管理过程理论进行总结分析，并使之优化组合。基于该理论依据，将人才培养模式看作由培养目标、培养标准、课程体系、培养路径等诸多要素组成的，相互联系、相互作用的统一体，并且将其视为培养过程的组合，主要包括培养目标的明确、培养标准的构建、课程体系的优化和培养路径的推进。而且，人才培养模式的四个关键要素相互制约、相互作用、相互牵连。如果人才培养目标发生变化，那么培养标准、课程设置、培养路径也将随之发生改变，进而形成不同的人才培养模式框架。培养标准是保证培养目标顺利实现的重要条件，并根据培养目标的调整适时做出修正，也是对人才培养成效的可测量性反馈；课程设置则是直接为培养目标服务，是落实培养目标、培养标准的指引；培养路径的推进，则是整个人才培养模式的实践与应用，所产生的反馈则是对人才培养目标的反馈与完善。按照系统管理过程的观点，四个要素之间相互作用的关系，逐层深化，构成了人才培养模式的整体运行过程。某一要素发生变化，其他要素也会随之改变，最终使得培养模式发生整体变化，构成人才培养模式这一整体系统。本书将系统管理过程理论切入华文教育专业本科人才培养模式研究，逐一分析各要素，专注于模式的问题及优化，提升了人才培养模式研究的理论深度和实践广度，有针对性地提出问题及对策建议，站在更高的层面去思考华文教育专业本科人才培养模式的实施与推进。

第三节　人才培养模式的分析框架

华文教育专业本科人才培养模式，专门培养海外华文师资，构建一整套服务于培养目标的培养标准、课程体系，开展培养路径改革。本书构建的人才培养模式分析框架（见图1-1），不同于一般意义上的模式研究，目前暨南大学、华侨大学面向海外招收华文教育专业本科学生，这是基于华文教育本科专业培养对象的特殊性与差异性。虽然国内很多高校在做华文教育相关工作，如汉语推广（孔子学院）等，但是从开办专业的特殊性角度出发，华文教育本科专业有着自身的目标定位。从华文教育专业本科人才培养模式图可知，人才培养模式遵循自上而下的构建路径，确定培养目标，构建培养标准，改革课程设置，推进培养路径。基于系统管理过程理论，把华文教育专业本科人才培养模式的四大要素：培养目标、培养标准、课程设置和培养路径纳入其中开展关联性分析，逐层深化四要素，明晰各自在整个培养过程链中的作用，以实现华文教师职前教育专业化培养目标。

华文教育专业本科人才培养模式是系统整体，在一定教育理念指导下的培养目标及其实现方式所形成的整体范式，并由培养目标、培养标准、课程设置、培养路径等主要要素构成。这些要素之间进行各种作用和各种影响，形成了教育模式这个有机的整体。[①]培养目标、培养标准、课程设置和培养路径四个要素构成人才培养模式系统的层次结构。同时，这四个要素在人才培养过程中承担不同的作用，又有着自身的内部结构体系。其中，培养目标又可以由具体的内涵构成，如培养类型、培养定位和培养层次等，对后续的培养标准和课程体系都有指导作用。培养标准则从知识、能力和素质等层面出发，是对培养目标的具体化，细化学生所应掌握的基础知识、能力素质等要求。课程设置则是"在某种教育价值观引导下，将构成课程的诸多要素加以整合，并将指向课程目标的各要素加以组合"[②]。课程设置是对培养标准的落实。培养路径则是人才培养模式的有效保障。不同层次的系统作用于人才培养模式整个系统过程的特定位置。

---

①吴昊：《卓越医生人才培养模式改革对策研究》，吉林大学2018年博士学位论文，第23页。
②转引自毛捷：《世界一流大学本科人才培养模式研究——以斯坦福大学为例》，西安外国语大学2017年硕士学位论文，第16页。

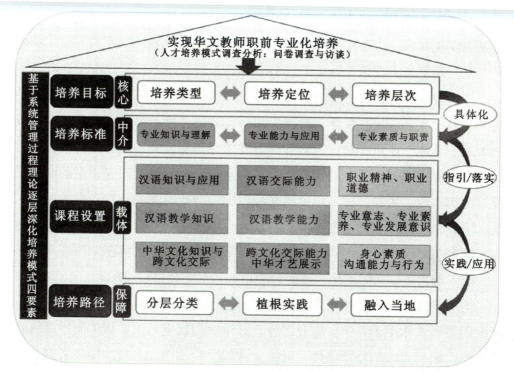

图1-1 华文教育专业本科人才培养模式分析框架图

培养目标是人才培养模式的核心和基础，是根本出发点，发挥着关键的指导作用。它规定了人才培养的方向和要求，并据此设计出一套良好的方法及反馈的依据。培养目标体现为一种具体教育预期标准（即基本规格要求和质量标准），是教育实践活动指南[①]。人才培养目标，是对培养人才的质量和规格的总要求，指引着人才培养活动的方向。作为课程设置、培养路径的重要依据，培养目标决定课程内容及实施要求。人才培养目标是人才培养模式构建的前提，是最关键的要素。

明晰的人才培养标准是人才培养目标的具体化，是对培养目标的具体描述。华文教育本科专业因有其自身的特色和重点，在制定人才培养标准时都应该做到知识、能力与素质要求的具体化、可量化、可评价化，进一步使人才培养目标可操作，这样才是人才培养模式改革成功的关键性要素。本书设计培养标准实现矩阵，是介于专业培养目标和课程体系之间的有效中介，是

[①] 参见杨志坚：《中国本科教育培养目标研究（之二）——本科教育培养目标基本理论问题》，《辽宁教育研究》2004年第6期，第8页。

充分发挥人才培养模式最大效能的有效方法。培养标准也是人才培养模式的重要构成要素。

　　课程设置是实现培养目标的重要载体与手段。培养目标只有以课程体系为载体，才能在受教育者那里得以实现。离开课程设置，培养目标就无法落实。课程设置要以培养目标为指导思想，围绕人才培养目标而设计，充分反映出某一具体专业培养目标、培养标准要求。华文教育本科专业的培养目标是什么，决定着人才培养的规格、质量与水平，就必然要求有相应的课程设置与之相匹配。培养目标与后续的课程设置，构成因变量与自变量的相互关系。培养目标是什么，与之对应的，设置什么课程，进而调整具体的改革内容，比如教学大纲、授课形式，等等。课程体系直接影响着受教育者的知识、能力与素质结构的优化，进而影响培养目标的规格与层次。

　　培养路径是人才培养模式的具体实施过程，将培养目标、培养标准、课程设置等要素作用于其中。除此之外，教学管理制度等人才培养制度是人才培养模式顺利实施的外部条件，也是人才培养模式得以实现的保障机制，并不属于人才培养模式的构成要素。

　　本书通过文献探讨阐述华文教育专业本科人才培养模式的理论依据，厘清分析思路，确定基本框架，设计研究过程，展开华文教育专业本科人才培养模式调查分析。基于华文教育本科专业人才培养的现有问题，以调查数据为基础，为华文教育专业本科人才培养模式构成要素的分析研究提供实证数据和资料储备，探讨更为本质的、内在的模式层面的问题。作为面向海外招生的华文教育本科专业，围绕"为谁培养人、培养什么样的人、怎么样培养"这三个层面思考，如何确定人才培养目标旨归，开展专业培养目标确定的逻辑思考，坚持"为谁培养人"的立场，审思专业培养目标，并分析其特点。培养标准是培养目标的具体化，主要结合专业类"国标"、国际汉语教师标准和华文教师证书标准等，构建华文教育本科专业人才培养标准体系。以人才培养方案为载体，从课程分类、课程门数和课程内容比较中，清晰地展现华文教育本科专业的课程设置，并从中寻找共性问题与难题。基于培养路径视角，思考如何将本土的资源优势转化为提高人才培养质量的现实优势，提供合理化、可行性建议，以期为人才培养模式创新提供一定的实践支持。整个研究的落脚点在于，华文教育本科专业培养目标须明确，具有指向性；对已有的课程体系提出建议，完善课程设置；从人才培养定位、类型与层次出发，构建专业培养标准，创新培养路径等。

第二章　华文教育专业本科
人才培养模式调查分析

　　人才培养模式研究思路大概可分为三种：一是，构建人才培养模式的理想模式，探讨其应然状态①；二是，开展人才培养模式的比较，概括、归纳、总结其特点，明确其发展方向②；三是，开展人才培养模式的现状分析，思考如何改进该模式。本书主要基于第三种分析思路，开展现状调查分析，为后续培养目标、培养标准和课程设置等章节内容研究奠定基础，进而提出人才培养模式实施与推进的具体策略。华文教育专业本科生来自20多个国家和地区，由于各国情况差异大，生源质量良莠不齐，随着招生规模的不断扩大，入学新生质量有下降趋势。水平好的学生占少数，多数学生能力较差，学生学习能力、学习态度等方面存在的问题对整体教学质量造成了较大影响。华文教育本科专业培养对象的特殊性、差异性，对如何培养准华文教师提出了现实挑战。

　　学生和教师是人才培养模式改革取得成效的关键。华文教育专业本科人才培养模式调查分析，采取问卷调查的方式了解华文教育本科专业在校生对培养目标的理解与认同，对具备知识、能力和素质等培养标准的认识，对课程体系和课程设置的看法，以及对专业学习、实践教学等培养途径的满意度评价情况；采用访谈调查的方式，掌握华文教育专业的设计者、管理者对当前华文教育专业本科人才培养模式存在的问题的判断，包括对培养目标的确定，对学生具备知识、能力与素质的理解，对现有课程设置的看法，以及对培养方式的建议；充分了解华文教育本科专业人才培养的直接实施者——一线教师对人才培养模式的成效与问题的看法和反馈，重视他们对培养对象的评价与建议，客观分析研究资料，得出结论。

　　调查分析被看作人才培养模式研究的出发点。华文教育专业本科人才培养模式调查分析，根据调查所得的一手数据资料，寻找人才培养模式最为本质、内在的问题，反思当前华文教育专业本科人才培养模式的优势与弊端，拓展教学管理部门、教师对华文教育本科专业人才培养任务和目标的认识，

　　①参见陈洪玲、于丽芬：《高校扩招后人才培养模式的理论与实践》，北京师范大学出版社2011年版，第9页。

　　②参见魏所康：《培养模式论——学生创新精神培养与人才培养模式改革》，东南大学出版社2004年版，第31页。

为华文教育专业本科人才培养模式创新提供有益的参考依据。

第一节　调查设计与实施

一、问卷调查

（一）调查整体与抽样设计

调查对象为暨南大学、华侨大学华文教育专业在校本科生，主要分布在2016、2017、2018、2019级[①]。暨南大学华文教育专业在校本科生共计901人、华侨大学华文教育专业在校本科生共计911人。本调查研究的抽样设计采取配额抽样，主要指调查人员将调查总体样本按一定标志分类或分层，确定各类单位的样本数额，在配额内任意抽选样本。研究总体是我国华文教育专业的本科生，按照学校分类，分别在暨南大学、华侨大学抽取480个样本数额，对2016、2017、2018、2019级学生样本都有所选择，获取抽样样本，开展问卷调查。基于现有条件基础与研究可行性，在抽样设计与问卷整理时，第一是对比不同年级的学生，第二是对比两所不同高校学生的情况。本调查回收的2016、2017、2018级学生的问卷，作为样本的重点研究对象。本次调查共计回收问卷960份，其中有效问卷942份，符合抽样设计的整体要求。

（二）问卷设计

本调查所采用的调查工具采取自编问卷形式，调查内容围绕华文教育专业本科人才培养模式展开，了解华文教育本科专业在校学生专业学习动机与专业理解、课程体系设置和专业学习满意度等情况。问卷内容主要包括以下

[①]2016级指"大四"，2017级指"大三"，2018级指"大二"，2019级指"大一"。

部分：①标题和问卷简介：主要介绍本次的调查背景和调查目的；②个人基本信息：主要了解华文教育本科专业学生的性别、年级、年龄、国籍和汉语学习时间，目的在于研究人口变量学特征对其专业学习的影响；③专业培养的现状：主要从专业认同、专业学习等维度设计各类调查问题，以了解华文教育本科专业在校学生的学习情况及存在的问题，主要调查学生对专业认同、课程设置等方面的认识与理解；④专业学习满意度：满意程度调查采用李克特五级量表的答题形式，即非常符合得5分，符合得4分，一般得3分，不符合得2分，非常不符合得1分；⑤开放性问题：为进一步了解学生对华文教育专业本科人才培养模式的看法，增设开放性问题作为补充。具体的问卷内容设计详见附录一。

（三）质量控制

本书对于问卷调查的质量控制，主要关注问卷设计的质量控制和调查实施过程的质量控制两个方面。

1. 问卷设计的质量控制。在进行正式的问卷调查前，笔者仔细斟酌问卷题型及选项是否按照调查目的针对性地反映问题，并根据试测的反馈和华文教育本科专业任课教师的修改意见，结合实际情况做出合理的修改与内容调整。

2. 调查实施过程的质量控制。在调查过程中，笔者在所选的暨南大学华文学院、华侨大学华文学院以现场发放问卷的形式开展调查，而没有采取问卷星等网络数据填报。这是为了确保调查实施过程的质量。在调查过程中，笔者能及时回答被调查者的疑问，保证问卷填写的内容合理有效。针对华文教育本科专业学生因为中文水平对问卷内容理解的差异，笔者现场对调查题目做了讲解，向被调查者复述问卷内容，有助于被调查者较好地理解调查目的和调查内容。

从保证问卷收集的可信度和效度的层面出发，采取逐一前往课堂现场发放、收集问卷的形式。在征得华文教育系领导和任课教师允许的前提下，笔者前往教室，在课堂现场发放调查问卷，待被调查者填写完毕就收回。在调查结束后，及时整理问卷资料，去除问题问卷、无效问卷，保证调查内容的有效可靠，为下一步分析做好铺垫。

（四）分析方法

本书的数据分析方法包括描述性统计分析、交叉分析、探索性因子分析、可信度分析、有效性分析、相关性分析、多元回归分析和差异性分析。

1. 描述性统计分析。运用描述性统计的方法对调查对象的学校、年级、年龄、性别、国籍、是否是华裔等样本背景变量，学生专业学习动机与对专业理解，课程体系现状，以及专业学习效果与课外活动情况进行分析，并通过图表内容发现其中一些隐含的规律，为后续的分析研究奠定基础。

2. 交叉分析。交叉分析是针对两个及两个以上的变量所形成的列联表数据进行相关关系分析的一种数据挖掘技术。本问卷调查将应用卡方检验对列联表中华文教育本科专业学生学习满意度变量的相关关系进行检验。

3. 探索性因子分析。用因子分析所得的综合变量代替部分原始影响因素，从而减少变量个数，以综合变量的因子得分与未参与分析的变量为自变量建立多元线性回归统计模型。利用探索性因子分析寻找影响华文教育本科专业学生学习满意度的潜在因素。

4. 可信度分析。信度表示所获得测量结果的一致性、稳定性和可靠性。一般用内部一致性程度表示，假如进行多次重复测量所获得的结果都比较接近，那么可以认为该测量的信度很高。本调查所用量表为李克特五级标准化测定量表，主要基于Cronbach-Alpha模型对问卷的主观态度量表问题进行内在信度分析。

5. 有效性分析。效度分析主要研究所给问题是否能有效阐述研究变量或维度的概念信息。效度分析一般针对量表题做统计分析，进而评价量表的准确性、有效性和正确性。针对效度分析，通常会使用内容效度或者结构效度。本调查使用验证性分析进行结构分析，构建结构方程模型（SEM），以此证明通过探索性因子分析得到的潜在变量与题项之间具有良好的对应关系，即说明结构效度良好。

6. 相关性分析。目的在于分析两两变量之间的相关关系情况，包括华文教育专业本科人才培养模式各要素是否存在着相关关系，以及相关关系的紧密程度情况，为后面的多元回归分析提供依据。

7. 多元回归分析。进一步探究主因子中包含的变量以及未参与因子分析的若干变量对华文教育本科专业学习满意度的影响程度。

8. 差异性分析。用 t 检验或方差分析的方法判断不同学校、年级、性别的学生对专业学习满意度是否存在显著差异，判断该分类变量对专业学习满意度是否有显著影响。

二、访谈调查

（一）访谈提纲设计

访谈调查的实施，有利于全面深入地了解华文教育专业本科人才培养模式的现状，找准现有模式中存在的问题，是研究取得第一手资料的重要保证。访谈提纲设计的目的是获得问卷调查中无法深入了解的问题及其原因的分析，访谈对象主要是华文教育本科专业的设计者、管理人员以及一线教师[①]。在设计访谈提纲时，主要是根据问卷调查题目，设计相应访谈题目，作为补充调查。根据被访谈者在人才培养模式中的角色，从华文教育专业本科人才培养模式的构成要素：培养目标、培养标准、课程设置、培养路径等方面设计访谈问题，形成访谈提纲。对他们的访谈主要侧重教育教学层面，邀请他们就人才培养模式各构成要素实施的困难或障碍等发表看法，以及提出有针对性的意见和建议。同时，被访谈者对部分访谈提纲进行适当的内容删减或补充，从而最大限度地收集有效信息。

（二）访谈对象、访谈方法的选择

在访谈对象的选择上，采取重点访谈的方式。选择华文教育本科专业的设计者，是因为他们非常了解、熟悉华文教育本科专业创办以来的情况和发展历程；选择华文教育本科专业的管理者，是基于他们对华文教育专业本科人才培养模式的了解和感受更为全面深入。其中，暨南大学共有五名访谈对象，华侨大学共有两名访谈对象，包括学院领导、系主任等，以及三位一线教师。

---

① 研究既有基于专业人才培养模式研究的全局性、整体性研究，也有微观层次教育教学过程的细致分析研究。

　　在访谈方法的选择上，针对上述访谈对象，根据此次访谈目的，主要采取结构化访谈方法，利用电子邮件访谈、微信访谈方式相结合。访谈时间根据本书实际情况灵活处理。在访谈结束后，及时整理访谈资料。根据访谈材料整理情况，适时进行必要的回访。

（三）访谈计划的实施

　　为保证访谈的顺利实施，访谈前需要取得访谈对象的同意。一是请朋友等帮忙联系安排，二是电话直接沟通，充分表明此次访谈的目的和意义，获得他们的配合与支持。在访谈实施过程中，向访谈对象充分表达、解释访谈的目的，并强调本次访谈只用于学术研究。访谈对象根据访谈提纲予以回答，并充分表达个人对华文教育专业本科人才培养模式的看法。访谈结束后，对访谈资料及时开展分类整理，调整写作思路。

第二节　问卷调查结果分析与讨论

　　本次调查共计回收960份问卷，其中有效问卷942份，问卷有效率98%，符合统计要求。样本分布在暨南大学、华侨大学2016、2017、2018、2019级四个年级。调查结束后，笔者对问卷数据做进一步整理，先将其录入Excel表中，作为分析数据保存，再利用SPSS软件和R语言开展数据整理分析，从描述性统计、专业学习满意度等方面进行调查结果分析工作。在以下的统计分析中，如有涉及某些方面数据缺失的问卷，此样本做删除处理。

一、描述性统计分析

（一）样本背景变量分析

为便于统计调查样本的背景资料，笔者运用SPSS软件对受访者的学校、性别、年龄、年级、国籍、华裔身份、汉语学习时长（年）等方面进行了统计分析。调查中，暨南大学、华侨大学的被调查者分别为473位、469位，分别占比为50.2%、49.8%。各年级受访者占比情况分别为：2016级25.8%，2017级23.5%，2018级36.7%，2019级[①]14%。

首先，笔者对被调查者的性别、年龄做描述性统计分析。本次研究样本的性别分布，女性占比71.1%，男性占比28.9%。可见，华文教育本科专业以女性为主，从一定程度上显示出华文学校教师及教学管理人员中女性多于男性的现状。华文教育某种程度上是一种语言教育，女性在语言方面相对于男性具有一定的性别优势。

接受调查的华文教育本科专业学生，年龄分布如图2-1所示，从图中可以看出，学生年龄在19~22岁之间，占样本总数的82.7%。该年龄段正是价值观形成与完善的重要阶段。基于四年的专业学习，可培养其作为未来华文教师所具备的能力和素质，以及对华文教师职业的认同感。

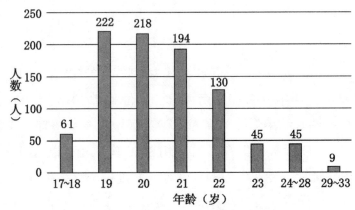

图2-1　被调查者年龄分布图

对学校、年级、性别进行数据整理后的结果见表2-1。然后，对学校、

[①]2019级本科生作为大一新生，中文水平普遍偏低，样本集中在2016级、2017级、2018级。

年级、性别做交叉分析，结果见表2-2。从表2-2可知，暨南大学、华侨大学不同年级、不同性别的样本抽取份数符合调查样本要求。

表2-1　学校、性别、年级交叉列联表

单位：人

学校 ＼ 性别＼年级	男				女			
	大一	大二	大三	大四	大一	大二	大三	大四
暨南大学	14	50	39	43	44	118	81	78
华侨大学	23	40	25	36	51	134	74	85

表2-2　Pearson卡方检验情况表

选项 ＼ 性别	男	女
卡方	5.225	1.355
df	3	3
Sig.	.156	.716

其次，对被调查者的国籍做统计分析。被调查者国籍分布如图2-2所示，其中40.6%来自泰国，35.2%来自印度尼西亚，8.0%来自老挝，4.4%来自菲律宾。

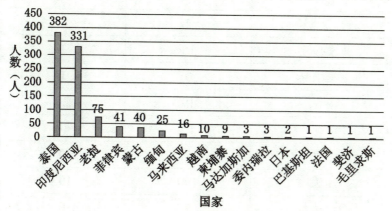

图2-2　被调查者国籍分布图

接受调查的学生大部分来自泰国、印度尼西亚等东南亚国家，与华文教育专业本科生入学的国籍状况基本一致，泰国生源数量占绝对优势，大约占生源总量的一半左右，印度尼西亚生源数量稳居第二。比如，华侨大学华文学院华文教育专业首批毕业生中，就有一半以上的学生来自印度尼西亚，被称为"印尼泗水师资班"。

进而，开展国籍与学校的数据统计分析，结果见表2-3。从表2-3中发现两所学校学生来源基本一致。被调查者中华裔占到49.5%，华裔学生与非华裔学生的比例相差不大，分布较均匀。

表2-3　不同学校学生国籍分布情况表

单位：人

国籍 ＼ 学校	暨南大学	华侨大学
巴基斯坦	1	0
法国	0	1
菲律宾	12	29
斐济	0	1
柬埔寨	8	1
老挝	37	38
马达加斯加	2	1
马来西亚	15	1
毛里求斯	0	1
蒙古	19	21
缅甸	15	10
日本	2	0
泰国	190	192
委内瑞拉	3	0
印度尼西亚	168	163
越南	0	10

最后，对被调查者的汉语学习时长（年）做统计分析，调查结果见图2-3。从图2-3中研究发现，华文教育专业学生的汉语学习时长（年）主要集中在0到5年。这反映了一个基本事实：学生学习汉语的时间较短，整体汉语水平相对较弱，这给后期华文教育本科专业人才培养工作以及整体教学质量造成了一定困难和影响。

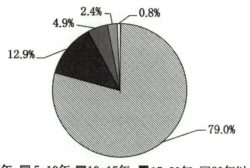

图2-3　被调查者汉语学习情况

（二）学生专业学习动机与专业理解分析

1．选择学习华文教育专业的原因

笔者对调查问卷的第1题结果做数据统计，结果见图2-4。从图2-4可以发现，学生选择学习华文教育专业的主要原因是"想做与汉语有关的工作"（29.4%）和"因为有奖学金"（22.5%）。然而"因为想当华文教师"的学生的比例并不高，只有14.6%，这与华文教育本科专业人才培养初衷不太相符。

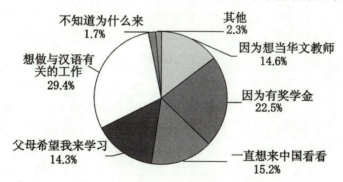

图2-4　选择学习华文教育专业的原因

为了进一步验证暨南大学、华侨大学学生选择学习华文教育专业原因的相关性，笔者做了卡方检验，P值为0.132，这说明两所学校学生选择华文教

育专业的原因没有显著差异。同时，对不同年级、性别也做了相应的卡方检验，其 P 值分别是0和0.191，这说明不同年级学生对选择学习华文教育专业的原因是不一致的，就性别而言则差异不显著。

2. 华文教育专业的学习对未来工作的帮助情况

在对调查问卷的第13题结果做统计之前，笔者对回答的问题选项做了技术处理。在 SPSS 软件中，程度按照原始数值在序列中从小到大的顺序，一次自动赋值为0至6的秩，其中0表示学生对该问题没有回答，1表示该学生对此问题的回答是最重要，后面数字以此类推。因此，平均秩越低表示其重要程度越高。接下来，则利用 Friedman 检验，6个选项之间的重要程度是否有差异，若获得的 P 值小于0.05，拒绝原假设，认为它们之间有差异。同时，研究获得6个选项的秩平均的结果，见表2-4。从表2-4可知，华文教育专业的学习对未来工作的影响情况的重要程度排序如下：基本理论，专业知识，专业技能训练，团队合作和人际交往能力，举办的各类活动，毕业设计（论文）。这充分说明，基本理论、专业知识和专业技能训练，被认为是作为准华文教师应该具备的重要素质，也是华文教育本科专业学习的重点。

表2-4　Friedman 检验情况表

选项	秩均值
A	3.22
B	3.26
C	3.29
D	3.92
E	3.70
F	3.60
N	942
卡方	149.153
df	5
渐近显著性	.000

3. 关于毕业后期望从事的工作岗位情况

笔者对调查问卷的第14题结果做数据统计，结果见图3-5。从图3-5可以发现，45.3%的被调查者选择"与华文有关的工作"，12.9%的被调查者选择"既当华文教师，也当其他科目的教师"，11.9%的被调查者选择"在华文学校做兼职教师，教华文"，选择"一直是专职华文教师"的比例只有11.6%，但有14.6%的被调查者选择"跟教育无关的工作"。从上述结果中可以看出，并非所有的被调查者毕业后都打算做华文教师，尽管选择做华文教师相关工作的比例偏高。这里有一个基本事实，华文教育专业属于定向培养，毕业后要回国从事华文教学工作。如何增强学生从事华文教育的使命感、荣誉感，是华文教育本科专业人才培养须重点考虑的问题。

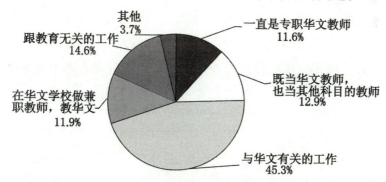

图2-5 毕业后期望从事的工作岗位情况

接下来，笔者主要探讨毕业后期望从事的工作岗位与学校、性别和年级有无相关性。利用卡方检验，其P值分别是0.656、0.063和0.003。这说明毕业后期望从事的工作岗位与学校、性别是没有关联的，与年级有着相关性。其中，具体到2016级毕业班学生，有73%的被调查者选择从事与华文教育相关工作，但是，有22.5%的被调查者选择跟教育无关的工作，毕业后另有打算，并不真正从事华文教育，对华文教师职业前景认同不高。存在一定数量的学生对华文教师的职业认同度偏低，说明应在人才培养过程中保护其对华文教师职业浓厚的感情，并帮助其解决在职业热情塑造过程中遇到的困难，以免挫伤其职业热情。可以看出在海外"汉语热"的背后，汉语师资培养链的完善程度有待进一步加强，这是因为作为华文师资培养的学生毕业后的流失，也无形中加大了海外师资的短缺[①]。

笔者进一步探讨了毕业后期望从事的工作岗位情况与选择学习华文教育专业的原因是否有关联。利用卡方检验，其 P 值小于0.005。这说明两者之间存在相关性。因为想做华文教师，所以选择一直当专职华文教师和从事与华文有关工作的学生比例较高。

4. 关于华文教育专业学生应具备的能力情况

关于华文教育专业学生应具备的能力，则主要在调查问卷的第2题体现。这道题共有9个选项。在收集数据的过程中，笔者对各选项分别计算有效百分比，结果见表2-5。从表2-5可知，华文教育专业学生应该具备的能力重要程度排序依次为：汉语听说读写技能、课堂教学技能、与人交往的技能、教案设计能力、组织社会活动的技能、团队合作的技能、教材编写能力和才艺。汉语听说读写技能、课堂教学技能、与人交往的技能都属于课堂教学方面的能力，可见，华文教育专业学生更希望提升课堂教学方面的能力。

表2-5　各选项有效百分比统计表

选项	频数	百分比
A	354	18.7%
B	621	32.6%
C	255	13.4%
D	125	6.6%
E	108	5.7%
F	108	5.7%
G	170	9.0%
H	152	8.0%
I	5	0.3%
总计	1898	100%

---

①参见沈玲：《新时期海外汉语教育的"四化"》，《扬州大学学报（高教研究版）》2013年第3期，第85页。

　　笔者对即将走上工作岗位的2016级毕业班学生也做了统计分析，对各选项分别计算有效百分比，结果见表2-6。从表2-6中可知，其重要程度排序依次为：汉语听说读写技能、课堂教学技能、教案设计能力、与人交往的技能、组织社会活动的技能、团队合作的技能、教材编写能力和才艺。与上述的调查结果相比没有明显差异，除了教案设计能力与教材编写能力重要程度有所提高。

表2-6　2016级各选项有效百分比统计表

选项	频数	百分比
A	111	20.5%
B	153	28.3%
C	72	13.3%
D	34	6.3%
E	26	4.8%
F	33	6.1%
G	73	13.5%
H	37	6.8%
I	2	0.4%
总计	541	100.0%

（三）课程体系现状与课程设置诉求分析

　　1．对华文教育课程体系中课程重要程度的理解

　　笔者对调查问卷的第4题结果做数据统计，结果见表2-7。从表2-7可以发现，5个选项中"语言课"（A选项）排第一位的占比最高，"教育学、心理学课"（C选项）排第二位的占比最高，"教学实践课"（D选项）排第三位的占比最高，"文化课"（B选项）排第四位的占比最高，"传统艺术课"（E选项）排第五位的占比最高。可见，华文教育课程体系中课程重要程度排序依次为：语言课，教育学、心理学课，教学实践课，文化课和传统艺术课。通过课程重要程度排序，可了解华文教育专业学生对各类课程的需求。华文教育专业学生认为汉语语言类课程对自己成为华文教师的帮助最大，次之是教

育学、心理学课程等教育类课程。

表2-7　各选项有效频数统计表

排序＼选项	A	B	C	D	E
第一位	561	76	138	68	47
第二位	84	183	154	130	42
第三位	43	135	142	163	78
第四位	14	186	99	103	107
第五位	9	35	78	99	283

2. 关于目前课程体系应增加课程内容情况

笔者对调查问卷的第3题结果做数据统计，结果见图2-6。从图2-6可以发现，要求增加"语言学知识"的被调查者占到22.5%，要求增加"语言教学技能"的被调查者占到21.4%，要求增加"教育学、心理学"的被调查者占到20.5%。大部分被调查者认为语言理论知识与语言教学技能更重要。承接上题，被调查者认为语言课最重要，这与在目前课程体系中应增加课程情况、"语言学知识"占比最高的结果是一致的。只有构建与之相匹配的课程体系，才能使课程体系在人才培养中发挥应有的作用。

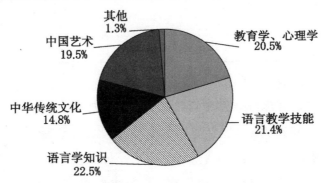

图2-6　课程体系增加课程内容情况

笔者进一步讨论目前课程体系应增加的课程情况与学校、性别、年级是否有关联。利用卡方检验，其P值分别为0.322、0.421、0.007。这说明增加的课程情况与学校、性别是没有关联的，与年级有相关性。接下来，笔者对各年级做进一步分析，结果见图2-7。

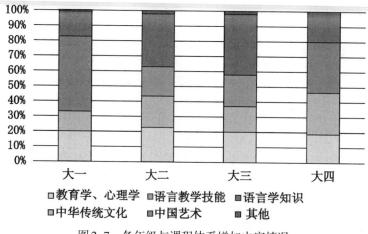

图2-7　各年级与课程体系增加内容情况

　　从图2-7可以发现，2019级（大一）学生强调增加语言学知识课程，因为大一新生入学，汉语基础相对弱，对语言类知识诉求大；2018级（大二）、2017级（大三）学生认为所有课程均应增加课程内容，其中2018级学生要求增加语言学知识多于其他几类课程内容。每个年级学生的诉求不同主要是基于他们本身已有的学习经历。华文教育本科专业的课程设置是第一学年以语言类课程为主，第二学年逐步开始各类专业课程，不同层次的学生在课程类型进度安排上又有所不同。具体到2016级毕业班学生（大四），他们对课程体系的认知相对比较全面，重点要求增加语言教学技能，间接反映出学生对教学技能的诉求强烈。

　　3. 课程设置目前存在的问题

　　笔者对调查问卷的第5题结果做数据统计，结果见图2-8。从图2-8可以发现，有33.9%的被调查者认为"实践训练还不够，理论性太强"，而认为"所学内容过于广泛，缺乏专业性""选修课重复率太高"和"可选的必修课数量太少"的被调查者分别占到22.6%、21.1%、20.6%。因此，课程设置存在的问题主要体现为实践训练不够、学生技能训练偏少、课程理论性太强、学习难度大，这些都影响学生对课程设置的满意度。

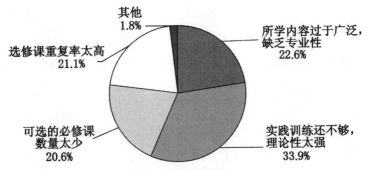

图 2-8　华文教育专业课程设置存在的问题

接下来，笔者着重了解课程设置存在的问题跟学校是否有关联。利用卡方检验，其 P 值为 0。这说明学校与课程设置存在的问题有关联。暨南大学的被调查者认为，"实践训练还不够，理论性太强"（230 人），"所学内容过于广泛，缺乏专业性"（180 人），"可选的必修课数量太少"（175 人），"选修课重复率太高"（140 人）。而华侨大学的被调查者认为，"实践训练还不够、理论性太强"（246 人），"可选的必修课数量太少"（149 人），"所学内容过于广泛，缺乏专业性"（138 人），"选修课重复率太高"（122 人）。

4. 毕业设计的形式

笔者对调查问卷的第 9 题结果做统计分析，结果见图 2-9。

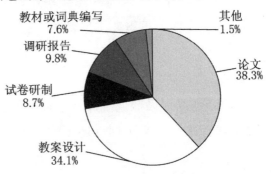

图 2-9　毕业设计的形式

从图 2-9 可以发现，大部分被调查者（72.4%）偏好论文和教案设计这两种形式，分别占到 38.3% 与 34.1%。这说明华文教育本科专业学生既偏重于传统理论研究的学位论文，也希望有教案设计之类的应用型论文等多种形式。

（四）专业学习效果与课外活动情况分析

1. 华文教育专业学生学习比较吃力的原因与寻求帮助形式

笔者对调查问卷的第 6 题结果做数据统计，结果见图 2-10。从图 2-10 可以发现，37.8%的被调查者将学习吃力归咎于个人原因，有26.8%的被调查者认为教材较难，还有25.4%的被调查者认为教师教学方法难以接受。可见，学生因为自身学习基础差而学习比较吃力，对于教材的理解以及教师教学方法的接受程度有限，也是学生学习比较吃力的主要原因。

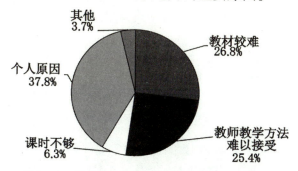

图2-10　华文教育专业学生学习比较吃力的原因

接着，笔者进一步探讨学生对于学习较为吃力的课程最想得到什么方式的帮助。对调查问卷的第7题结果做统计分析后的结果见图2-11。从图2-11中可以发现，28.8%的被调查者"希望老师能够降低难度，并寻找合适的方法"，21.4%的被调查者"希望系里可以分配指导教师"，另外"希望得到中国学生的辅导""希望得到华文教育专业学姐学长的帮助"分别占到19.6%和18.6%。当学习遇到困难，除了寻求教师的帮助之外，学生也希望得到中国学生以及本专业学姐学长的帮助。因此，要充分利用中国学生的语言、文化优势，帮助海外学生学习汉语言文化知识，通过课外辅导等方式，为华文教育专业学生提供真实而又丰富的语言环境，营造良好的学习氛围，促使他们更快更好地理解和掌握汉语言文化知识，进一步提高他们的汉语言交际和表达能力。[1]

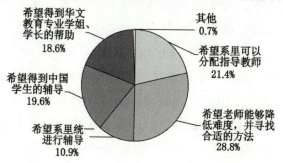

图2-11　关于希望得到何种方式的帮助情况

---

[1]参见周东杰：《华文教育师范生培养方案实证研究——以华侨大学为个案》，华侨大学2016年硕士学位论文，第26页。

笔者想进一步探讨"学生学习吃力的原因"与"最想得到什么方式帮助"二者的相关性。根据卡方检验的结果，其 P 值小于0.005，这说明这两个题项之间是有关联的，且相关性显著。

2. 提高微型教学效果的方法

为了解实践层面的微型教学效果，笔者对调查问卷的第10题结果做了统计分析，结果见图2-12。

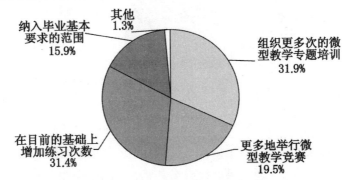

图2-12　微型教学调查结果分布图

从图2-12可以发现，对于微型教学，一半以上的被调查者认为通过"组织更多次的微型教学专题培训"（31.9%）和"在目前的基础上增加练习次数"（31.4%）这两种方法能够提高微型教学效果，以及可以通过举办微型教学竞赛等方式提升教学技能。可见，华文教育本科专业学生对教师教学技能的诉求比较强烈，尤其是在课程模拟教学方面，希望通过接受培训和加强训练来提高自身的教学技能。

3. 提高早读等考勤制度效果

针对华文教育专业的生源为海外华人社团推荐、生源质量参差不齐的情况，为了解学生如何看待华文教育专业的考勤制度，笔者设置了调查问卷第8题。统计分析后发现，有47.5%的被调查者认为目前的考勤制度"很好"，27.5%的被调查者则认为"考勤太严格了，应该放松"，也有19.2%的被调查者认为"考勤应加强"。因此，实施考勤制度，能针对部分学生自由散漫的性格加以监督，有利于进一步规范华文教育专业学生的学习管理，可见目前考勤制度的整体效果较好。

接下来，为探讨提高早读效果的方法，笔者对调查问卷的第11题结果做了统计分析，结果见图2-13。从图2-13可知，"利用早读机会，有效提高每位学生的积极性和朗读水平"和"充分利用学生的能力，在教师的指导下编写早读内容"，分别占到被调查者的26.3%、20.8%，是学生认为最有效的两种提高早读效率的办法。14.3%的被调查者认为可以开展"早读评比"，12.3%的被调查者提出"期末进行统一考查，成绩作为评奖评优评先等项目参考"，13.7%的被调查者认为可以"请中国学生每天按时带读"。对于汉语基础参差不齐的华文教育专业学生，早读考勤制度的实施，既能提高学生的汉语表达能力，又能提升汉语应用水平。

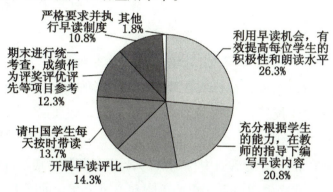

图2-13　提高早读效率的方法调查结果图

　　笔者想进一步探讨提高早读效率的办法跟学校是否有关联。利用卡方检验，其P值小于0.05，这说明学校与该选项是存在关联的。暨南大学的被调查者认为除了上述最有效的两种办法之外，请中国学生每天按时带读也是有效举措之一。华侨大学的被调查者则认为除了上述最有效的两种办法外，还可以开展早读评比等活动，以竞促学。

　　4.关于课外活动加强活动内容情况

　　在调查问卷中，课外活动是指有组织、有安排地在课外进行，并且没有纳入教学计划、学分系统的非正式教学活动。[1]形式多样的课外活动，不仅可以丰富华文教育专业学生的校园生活，而且可以使学生从各种文化活动中得到锻炼，培养综合素质。笔者对调查问卷的第12题结果做数据统计后的结果见图2-14。

―――――――――
　　①参见周东杰：《华文教育师范生培养方案实证研究——以华侨大学为个案》，华侨大学2016年硕士学位论文，第25页。

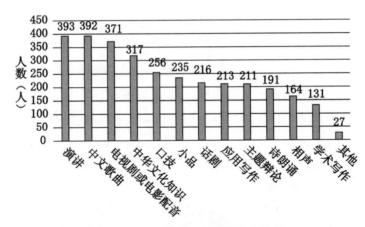

图2-14 关于课外活动内容调查情况

从图2-14可以发现，选择人数最多的4个选项依次为"演讲""中文歌曲""电视剧或电影配音""中华文化知识"。因此，在加强课外活动方面，学习和了解中国文化和汉语知识，鼓励华文教育专业学生具备一定的才艺和一技之长，使其在各种文化活动中得到熏陶，不仅能帮助其习得语言和文化，学习中华才艺，感受中国语言文化的熏陶和汉语言文化的魅力，弥补课堂教学的不足，促进学生个性的全面发展，更能在未来开展华文教育教学活动中发挥活跃课堂气氛的作用。

二、专业学习满意度调查分析

本调查以李克特量表开展华文教育本科专业学习满意度调查，包括学生对华文教育专业的整体满意度评价以及课程与教学安排、实践教学、分班制度等方面的满意度评价。

（一）指标归类分析

1. 变量处理

为了调查哪些因素对专业学习满意度存在影响，本书对满意度影响因素（Q15—Q29）进行探索性因子分析，Q30为因变量，考察华文教育专业的整体满意度评价。首先检验该题项是否能进行探索性因子分析，应用KMO和Bartlett检验，获得结果见表2-8。从表2-8中可见，KMO值为0.92，Bartlett

值为3384.26，*P*值趋近于0，表明以上变量能进行因子分析。

表2-8　KMO和Bartlett检验结果表

KMO检验		.92
Bartlett检验	近似卡方	3384.26
	df	78
	Sig.	.00

在第一次探索性分析时，共提取三个因子。由于Q23（你对于迟到、旷课严重的学生，减少或者取消他的奖学金/助学金的做法的满意度）和Q24（你对华文教育专业的喜欢程度）与因子对应关系出现偏差，因此，删除Q23和Q24后继续进行第二次探索性因子分析，最终结果显示提取为三个因子。它们的总方差解释率为54.19%，这说明三个因子可以代表所有题项54.19%的信息量。

从上述探索性因子分析结果可知，每个因子可以进行专业知识命名。同时，获得的旋转成分矩阵见表2-9。从表2-9可以看出，第一个因子分别与Q15-Q22这8个题项关系紧密，因子载荷系数分别为0.643、0.667、0.639、0.690、0.677、0.666、0.582、0.575，可以将第一个因子命名为华文教育专业课程与教学安排；第二个因子分别与Q27、Q28、Q29这3个题项关系紧密，因子载荷系数分别为0.746、0.647、0.660，可以将第二个因子命名为华文教育专业实践教学；第三个因子分别与Q25、Q26这两个题项关系紧密，因子载荷系数分别为0.830、0.728，将第三个因子命名为华文教育专业分班制度。

表2-9　旋转成分矩阵表

题项	成分		
	1	2	3
Q15	.643	.307	.010
Q16	.667	.352	−.030
Q17	.639	.215	−.034
Q18	.690	.165	.157

（续表）

题项	成分		
	1	2	3
Q19	.677	−.052	.317
Q20	.666	.140	.294
Q21	.582	.237	.174
Q22	.575	.183	.141
Q25	.121	.118	.830
Q26	.177	.291	.728
Q27	.096	.746	.195
Q28	.356	.647	.138
Q29	.281	.660	.139

2. 可信度分析

此处基于Cronbach-Alpha模型，对问卷的满意程度问题进行内在信度分析，其中：

$$\alpha = \frac{k}{k-1}\left(1 - \sum_{i=1}^{k} \frac{s_i^2}{s_p^2}\right)$$

k为项目个数，s_i^2为每个项目得分的方差，s_p^2为总分的方差。

信度分析需要再对每一个具体的细分维度或者变量进行分析。因此还需要对探索性因子得到的三个因子（华文教育专业课程与教学安排、实践教学、分班制度）进行可信度分析，其结果分别为0.837、0.606、0.649。通常α系数需要大于0.7，0.6~0.7之间可以接受，由上表可知三个因子的α系数均大于0.6，表明此次研究量表具有可信度。但仅仅一个系数还不能全面地反映问题，对问卷各项进行逐一分析，观察在本问卷中删除某一问题后，问卷量表相应指标的改变情况，通过SPSS软件可以进一步得到如下检验结果，见表2-10。从表2-10可以看出，与前面的信度分析值比较，均低于信度值。表格主要是为了具体了解哪个题项可能会导致信度不达标，或者如果删除部分题项以后α系数是否会有较大的提升，每个表格的项已删除的Cronbach's Alpha

值，显示删除该题项后 α 系数不会提高，结果表明信度达标，不应该删除题项。

表2-10 可信度分析结果表

题项	删除该题项的刻度均值	删除该题项的刻度方差	校正的项总计相关性	多相关性的平方	删除该题项的 Cronbach's Alpha 值
Q15	25.59	13.546	.581	.370	.816
Q16	25.66	13.287	.616	.408	.812
Q17	25.64	13.843	.529	.289	.823
Q18	25.63	13.382	.609	.372	.812
Q19	25.41	13.439	.544	.323	.821
Q20	25.61	13.313	.609	.388	.812
Q21	25.64	13.367	.545	.302	.821
Q22	25.64	13.447	.506	.263	.827
Q25	3.49	.853	.435	.189	0.00
Q26	3.58	.913	.435	.189	0.00
Q27	7.10	1.841	.407	.166	.620
Q28	7.03	1.623	.498	.254	.495
Q29	6.94	1.750	.473	.234	.533

3. 有效性分析

完成了信度分析之后需要进一步对所分析数据的效度作验证。对于问卷分析，一般要进行内容效度与结构效度的分析。该问卷设计所使用的题项均有参考来源，并且对题项进行过修正处理，因此具有良好的内容效度，即说明从专业角度上看，题项确实可以描述想要描述的概念信息。内容效度使用文字描述的形式进行说明，而结构效度可以使用两种统计分析方法进行，分别是探索性因子分析和验证性因子分析。本问卷调查分析运用R语言lavaan包进行验证性因子分析，构造SEM（Structural Equation Modeling）模型，其GFI值为0.981，大于0.9，且在结构方程中每个因子下题项 P 值为0，表明模型拟合度好，进一步证明了量表具有良好的结构效度。

4. 研究变量描述分析

为了更清楚地了解样本对研究变量的态度情况，对所研究变量进行了描述性分析，通过各研究变量的平均值去了解样本的态度情况，结果见表2-11。

本问卷调查使用五级量表，1分代表非常不满意，2分代表比较不满意，3分代表一般，4分代表比较满意，5分代表非常满意。因而，在分析时，综合平均得分与具体分值的意义进行描述，由表2-11可知，四个变量的平均值集中在3.60左右，大部分被调查者的态度处于一般满意与比较满意之间。

表2-11　各变量描述性统计表

变量名称	样本	最小值	最大值	平均值	标准差
专业整体满意度	942份	1.00	5.00	3.68	0.74
专业课程与教学安排	937份	2.00	5.00	3.66	0.80
专业实践教学	940份	1.00	5.00	3.54	0.80
专业分班制度	938份	1.00	5.00	3.67	0.61

5. 变量相关性分析

在研究华文教育专业课程与教学安排、华文教育专业实践教学、华文教育专业分班制度之前，笔者先做了变量相关性分析，相应的结果见表2-12。这说明三个因素之间的相关性不显著。但是，三个因素与华文教育专业整体满意度评价之间的显著性水平在0.05以下，存在相关性。

表2-12　各变量相关性情况表

变量		Q30	FAC1_1	FAC2_1	FAC3_1
Q30	Pearson 相关性	1	.482**	.369**	.252**
	显著性（双侧）	.000	.000	.000	.000
	N	942	942	942	942
FAC1_1	Pearson 相关性	.482**	1	.000	.000
	显著性（双侧）	.000	.000	1.000	1.000
	N	942	942	942	942

（续表）

FAC2_1	Pearson 相关性	.369**	.000	1	.000
	显著性（双侧）	.000	1.000	.000	1.000
	N	942	942	942	942
FAC3_1	Pearson 相关性	.252**	.000	.000	1
	显著性（双侧）	.000	1.000	1.000	.000
	N	942	942	942	942
**表示在0.01水平（双侧）上显著相关。					

接下来，将选取的变量与专业学习满意度做回归分析，相应结果见表2-13、表2-14、表2-15。为防止样本个人基本信息对模型的干扰，因此，将学校、年级、性别、是否是华裔这四项也作为虚拟变量纳入模型中，学校以华侨大学作为参考，年级以大学三年级作为参考，性别以女生作为参考，是否是华裔以是华裔作为参考。

从表2-13中，可以看出，多元回归模型调整的 R 平方值为0.434，说明华文教育专业课程与教学安排、实践教学、分班制度这三个因素可以解释样本专业学习满意度大约43.4%的变化，Durbin-Watson值为1.870，接近于2，表明不存在自相关。

表2-13　多元回归模型汇总[b]

模型	R	调整R方	R	标准估计的误差	Durbin-Watson
1	.663[a]	.440	.434	.561	1.870
a．预测变量：（常量）、年级（大四）、学校（暨大）、性别（男）、FAC2_1、FAC3_1、FAC1_1、华裔、年级（大一）、年级（大二）。					
b．因变量：Q30					

从表2-14可以看出，整个多元回归模型通过 F 检验。因此，纳入回归模型中的所有变量对专业学校满意度的影响是显著的。

表2-14 Anova[a]

模型		平方和	df	均方	F	Sig.
1	回归	218.748	9	24.305	77.314	.000[b]
	残差	278.219	885	.314	—	—
	总计	496.968	894	—	—	—
a．因变量：Q30						
b．预测变量：（常量）、年级（大四）、学校（暨大）、性别（男）、FAC2_1、FAC3_1、FAC1_1、华裔、年级（大一）、年级（大二）。						

从表2-15可以看出，常量、华文教育专业课程与教学安排、华文教育专业实践教学、华文教育专业分班制度、学校（暨南大学）这几个变量的回归系数是显著的，P值均小于0.05。

表2-15 回归系数[a]

模型		非标准化系数		标准系数	t	Sig.	共线性统计量	
		B	标准误差	试用版			容差	VIF
1	（常量）	3.807	.050	—	75.467	.000	—	—
	FAC1_1	.351	.020	.472	17.936	.000	.913	1.095
	FAC2_1	.276	.019	.373	14.687	.000	.983	1.017
	FAC3_1	.190	.019	.256	9.977	.000	.963	1.038
	学校（暨大）	-.104	.039	-.070	-2.649	.008	.916	1.092
	性别（男）	-.036	.041	-.022	-.866	.387	.990	1.010
	是否华裔（否）	-.056	.039	-.037	-1.431	.153	.928	1.078
	年级（大一）	.033	.066	.015	.503	.615	.676	1.479
	年级（大二）	-.069	.050	-.044	-1.384	.167	.612	1.634
	年级（大四）	-.066	.054	-.039	-1.235	.217	.630	1.587
a．因变量：Q30								

此外，每个变量对应的VIF值小于5，这说明不存在多重共线性，多元回归方程为：3.807+0.351×专业课程与教学安排+0.276×专业实践+0.190×专

74

业分班制度−0.104×学校−0.036×性别−0.056×是否华裔（否）+0.033×年级（大一）−0.069×年级（大二）−0.066×年级（大四）。从多元回归方程中可以看出，常数项代表华侨大学的大三华裔女生对专业学校满意度的评价是3.807；专业课程与教学安排、专业实践、专业分班制度的系数均为正，说明这三个因素均会对专业学习满意程度产生正向的影响；性别（男）、是否华裔（否）、年级（大一）、年级（大二）、年级（大四）的回归系数不显著，可以认为这几个变量对专业学习满意度不会产生显著的影响。

（二）差异分析

1. 华文教育专业整体满意度评价

对调查问卷的第30题结果做数据统计后的结果见图2−15。从图2−15可以发现，对华文教育专业的整体满意度评价中，比较满意的被调查者占到47.4%，一般满意态度的被调查者占37.3%。这说明大部分学生对华文教育专业整体满意程度处在比较满意与一般满意之间，整体满意程度偏正向。

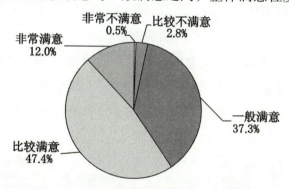

图2−15 华文教育专业整体满意度评价情况

接下来，探讨华文教育专业整体满意度在不同学校、性别和年级之间是否存在差异。通过方差分析可知，其 P 分别为0.65、0.961、0。这表明学校、性别之间没有差异，年级之间存在显著性差异。对年级做进一步分析后的结果见图2−16。从图2−16中看出，"非常满意"程度伴随着年级的递增而逐渐降低，"一般满意"的程度则呈逐渐增加的趋势，而"比较满意"的分布较为平均。整体而言，华文教育专业各年级本科学生对专业整体满意度持正向态度。

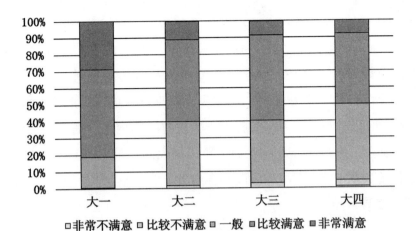

图2-16　各年级学生对华文教育专业整体满意度评价

2.华文教育专业课程与教学安排满意度评价情况

关于华文教育专业课程与教学安排满意度从课程体系、课程教学（包括教师教学水平与教学方法、课程评价方式与课程教材使用）和专业班级管理三个方面开展满意度评价分析。

（1）华文教育专业课程体系的满意度

为了探索目前华文教育专业的课程是否适合海外华文教育发展需求的满意度，华文教育专业开设课程的整体满意度，当前课程设置中语言类、文化类和教育类课程比例的满意度情况，对调查问卷的第15、16、17题结果做数据统计分析后的结果见图2-17。

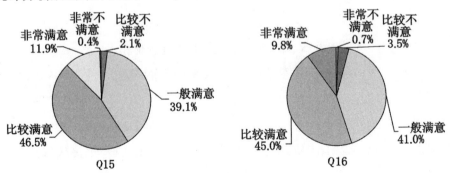

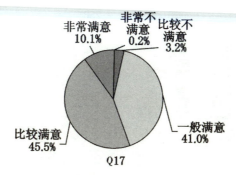

图2-17　华文教育专业课程体系满意度评价情况

从图2-17可以发现，关于目前华文教育专业的课程是否适合海外华文教育发展的需求，有46.5%的被调查者"比较满意"，有39.1%的被调查者满意程度一般；关于华文教育专业开设课程情况的整体满意度，"比较满意"的被调查者占到45%，"一般满意"态度的被调查者则有41%；而对于当前课程设置中语言类、文化类、教育类课程比例的满意情况，有45.5%的被调查者"比较满意"，有41%的被调查者"一般满意"。因此，华文教育专业课程体系满意度情况，与上述华文教育专业整体满意度结果一致，满意程度介于"比较满意"与"一般满意"之间。

接下来，探讨华文教育专业课程是否适合海外华文教育发展需求的满意度在不同学校、性别和年级的学生中是否存在差异。通过方差分析可知，其P值分别为0.042、0.068、0。这表明学校、年级与该选项之间存在差异，性别与该选项之间不存在差异。接着，依次探讨华文教育专业开设课程情况的整体满意度在不同学校、年级和性别的学生中是否存在差异。通过方差分析可知，其P值分别为0.01、0、0016。这说明学校、年级和性别与该选项存在差异。最后，探讨当前课程设置中语言类、文化类和教育类课程比例的满意度情况与学校、年级和性别是否存在差异。通过方差分析可知，其P值分别为0.002、0.003、0.046。这表明学校、年级和该选项之间存在差异。从上述方差分析可以看出，学校、年级与华文教育专业课程体系之间存在显著差异。继续对学校做进一步分析后的结果见图2-18。

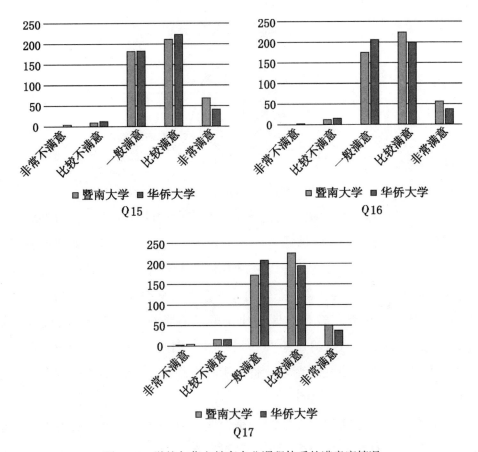

图2-18 学校与华文教育专业课程体系的满意度情况

从图2-18的左上图可以看出，华文教育专业的课程是否适合海外华文教育发展需求的满意度，暨南大学"非常满意"程度比华侨大学高，而"比较满意"方面，华侨大学比暨南大学高，"一般满意"程度，两所学校相似；从右上图和下图可以看出，华文教育专业开设课程的整体满意度及当前课程设置中语言类、文化类和教育类课程比例的满意度情况这两个选项，暨南大学的"非常满意"和"比较满意"占比都比华侨大学高，而"一般满意"方面，华侨大学高于暨南大学。因此，对于华文教育专业课程体系的满意度方面，暨南大学整体满意度偏高。

进一步对各年级做分析后的结果见图2-19。从图2-19的上图可以看出，华文教育专业的课程是否适合海外华文教育发展需求的满意度情况，大一学生"非常满意"程度最高，大二学生"比较满意"程度最高，大三学生"一般满意"程度最高；"非常满意"程度伴随着年级的递增而逐渐降低。从图2-19的中图可以看出，华文教育专业开设课程的整体满意度情况，"一般满意"程度伴随年级呈现逐渐增加的趋势，"非常满意"程度伴随着年级的递增而逐渐降低，其中大二学生"比较满意"程度仍旧最高。从图2-19的下图可以看出，当前课程设置中语言类、文化类和教育类课程比例的满意度情况，大四学生"一般满意"程度最高，大二和大三学生"比较满意"程度相似，大一学生"非常满意"程度最高。因此，大四学生对华文教育专业课程体系的整体满意度持"一般满意"态度，大二学生对课程体系"比较满意"程度最高，而大一学生因为刚入学，对课程体系的"非常满意"程度较高，并且各年级情况跟华文教育专业整体满意度评价的年级差异大体一致。

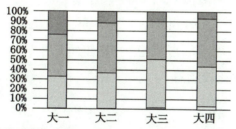

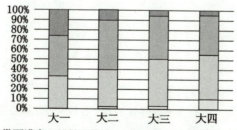

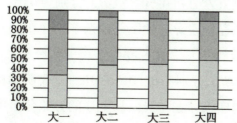

图2-19　各年级学生与华文教育专业课程体系的满意度情况

最后，探讨"目前华文教育专业的课程是否适合海外华文教育发展需求的满意度"与"华文教育专业开设课程情况的整体满意度"是否存在关联。通过卡方检验方式发现其 P 值小于0.05。这说明两者之间存在关联，适应海外华文教育发展需求的课程体系与开设课程情况的满意程度存在相关关系，且相关性显著。

（2）华文教育专业教师教学水平与教学方法满意度

为了解华文教育专业教师的教学水平与教学方法的整体满意度评价情况，对调查问卷的第19、20题结果做了数据统计，结果见图2-20。从图2-20左图可以发现，46.8%的被调查者对教师整体教学水平"比较满意"，29.4%的被调查者持"一般满意"态度，还有20.6%的被调查者"非常满意"。从图3-20右图中，具体到教学方法方面，有46.3%的被调查者"比较满意"，37.7%的被调查者"一般满意"。整体而言，学生对华文教育专业教师教学水平和教学方法比较满意。

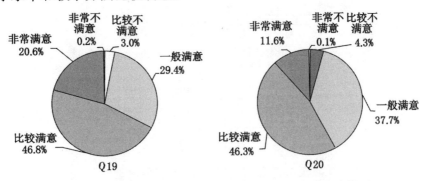

图2-20　华文教育专业教师教学水平与教学方法满意度情况

接下来，分析华文教育专业教师整体教学水平满意度与学校、年级和性别是否存在差异。通过方差分析可知，其 P 值分别为0.012、0、0.726。这表明学校、年级与该选项存在差异，性别跟该选项不存在差异。笔者进一步探讨，华文教育专业教师教学方法满意度与学校、年级和性别是否存在差异。通过方差分析可知，其 P 值分别为0、0、0.519。这表明学校、年级与该选项存在差异，性别跟该选项不存在差异。从上述的方差分析中进一步得知，学校、年级与华文教育专业教师教学水平与教学方法满意度之间存在显著差异。

进一步对各年级情况做分析后的结果见图2-21。从图2-21的上图，可以看出，华文教育专业教师整体教学水平满意度情况，大一学生"非常满意"程度最高，大二和大三学生"比较满意"程度相似，大四学生"一般满意"程度最高；从图2-21的下图可以看出，学生对华文教师教学方法的"非常满意"程度伴随着年级的递增而逐渐降低，大一学生"非常满意"程度最高，大二学生"比较满意"程度最高，大四学生"一般满意"程度最高。因此，从上述结果中，研究发现，大一学生进入校园学习生活，对华文教育专业学习充满新奇，满意度整体偏高，而大四年级的学生对教师整体满意度为"一般满意"。

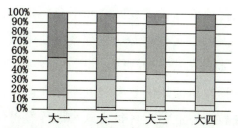

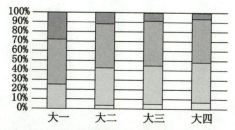

图2-21　年级与华文教育专业教师教学水平和教学方法满意度情况

最后，进一步分析华文教育专业教师整体教学水平满意度与教学方法满意度是否有关联。利用卡方检验，其P值为0.001，小于0.005。这说明教师教学水平满意度与教学方法满意度之间存在相关关系，且相关性显著。

（3）华文教育专业课程评价方式与课程教材使用满意度

笔者对调查问卷的第18、21题数据统计后的结果见图2-22。如图2-22的左图所示，对于华文教育专业课程评价方式，"比较满意"的被调查者占到46.3%，"一般满意"的被调查者有39.9%。从图2-22的右图可以发现，比较满意目前课程学习中使用教材的被调查者占到43.4%，而持"一般满意"态度的被调查者占到37.6%。虽然有将近一半的被调查者对目前的课程评价与课程教材使用情况"比较满意"，但也有接近40%的被调查者仍然对现有的课程评价与课程教材使用持"一般满意"态度。如何采取更加合适的课程评价方式与方法，选用合适的教材，让学生容易接受与理解，是华文教育本科专业人才培养需要考虑的现实问题与难题。

接下来，笔者主要分析华文教育专业课程评价方式满意度与学校、年级和性别是否存在差异。通过方差分析可知，其P值分别为0.203、0、0.616。这表明学校、性别与课程评价方式满意度之间不存在差异，而年级与该选项存在差异。笔者进一步探讨华文教育专业课程教材使用满意度与学校、年级和性别是否存在差异。通过方差分析可知，其P值分别为0.089、0、0.965。这表明学校、性别与课程教材使用满意度之间不存在差异，而年级跟该选项存在差异。因此，华文教育专业课程评价方式和课程教材使用满意度与年级之间存在显著性差异。

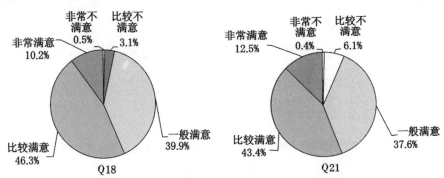

图2-22　华文教育专业课程评价方式与课程教材使用满意度情况

笔者进一步对各年级做分析，结果见图2-23。从图2-23的上图中可以看出，华文教育专业课程评价方式满意度情况，大一学生"非常满意"程度最高，大二学生"比较满意"程度最高，大四学生"一般满意"程度最高；从图2-23的下图中可以看出，学生对课程学习中教材使用情况满意度，大四学生"比较不满意"程度最高，大二学生"比较满意"和"一般满意"程度都最高。综合上述的数据分析进一步可得，大四学生对华文教育专业课程评价方式和课程教材使用情况满意程度较其他年级而言都偏低。

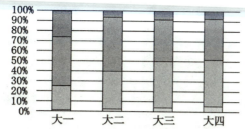

□非常不满意 □比较不满意 □一般满意 □比较满意 ■非常满意

Q18

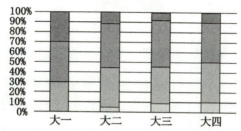

□非常不满意 □比较不满意 □一般满意 ■比较满意 ■非常满意

Q21

图2-23　年级与华文教育专业课程评价方式和课程教材使用满意度情况

（4）华文教育专业班级管理整体满意度

做好班级管理工作，对于保证人才培养质量非常有必要。对调查问卷的第22题数据统计后的结果见图3-24。如图3-24所示，"比较满意"的被调查者占到43.2%，"一般满意"的被调查者占36.2%。可见，对华文教育专业班级管理工作满意度以"比较满意"和"一般满意"为主。部分东南亚华人学生从小受到所在国文化环境、教育环境影响，养成了自由散漫的性格，一时难以改变。抓好班级管理工作，从学习纪律来说，针对华文教育专业学生迟到、早退、旷课、纪律意识不强等方面存在的问题，比如旷课太多，按照规定采取取消奖学金、劝退等措施，能对学生形成一种约束。

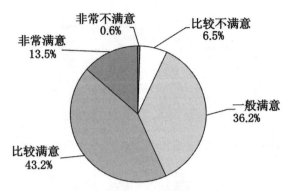

图2-24 华文教育专业班级管理满意度情况

接下来，笔者主要探讨华文教育专业班级管理满意度与学校、年级和性别是否存在差异。通过方差分析可知，其 P 值分别为0.001、0、0.584。这表明性别与华文教育专业班级管理满意度之间没有差异，学校、年级与该选项之间存在差异。

进而，笔者对学校与华文教育专业班级管理满意度评价做进一步分析，结果见图2-25。从图2-25中发现，暨南大学"非常满意"和"比较满意"程度比华侨大学高，而"一般满意"和"比较不满意"方面，华侨大学比暨南大学偏高。

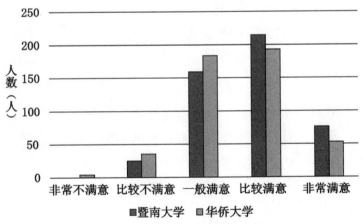

图2-25 学校与华文教育专业班级管理满意度情况

最后，对各年级的情况做统计分析后的结果见图2-26。从图2-26中发现，"一般满意"和"比较不满意"程度伴随着年级的递增而逐渐增加，大二学生"比较满意"程度最高，大四学生"比较不满意"程度最高。如何抓好毕业班的班级管理工作，对于人才培养的质量提升非常重要。

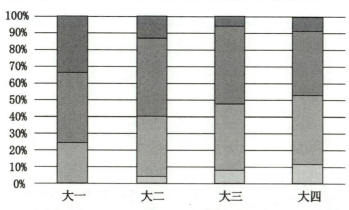

图2-26　年级与华文教育专业班级管理满意度情况

3. 华文教育专业实践教学满意度评价

（1）华文教育专业实习安排的满意度

教育实习是最主要的专业实践教学内容，是检验学生专业学习成果的重要教学环节，也是学生职业意识形成的关键环节。笔者对调查问卷的第28题结果做数据统计，结果见图2-27。从图2-27发现，有40.2%的被调查者对实习安排"比较满意"，"一般满意"的被调查者占到41.6%。可见，学生对目前华文教育专业的实习安排整体满意度不高。教育实习是检验自身是否具备一名华文教师应有的综合素质的重要环节，在实践教学内容安排等方面的不足，需要优化改进。

接下来，笔者主要探讨华文教育专业班级管理满意度与学校、年级和性别是否存在差异。通过方差分析可知，其P值分别为0.55、0、0.154。这表明学校、性别与华文教育专业班级管理满意度之间没有差异，年级与该选项之间存在显著性差异。虽然两所学校实习形式不同，但是根据方差分析结果，学生在满意度方面不存在差异。

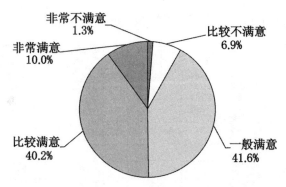

图2-27　华文教育专业实习安排满意度情况

最后，笔者对年级做进一步分析，结果见图3-28。从图3-28中发现，大四学生"比较不满意"和"一般满意"程度都最高。经历过教育见习、模拟教学等实习安排的大四学生，更清楚实践教学安排的现状。如何设计调整现有实践教学体系，满足华文教育本科专业的人才培养需要，值得深入思考。

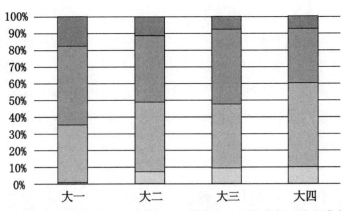

图2-28　年级与华文教育专业实习安排满意度情况

（2）华文教育专业的三笔字与简笔画教学满意度

笔者对调查问卷的第27、29题数据统计后的结果见图2-29。如图2-29的左图所示，对于华文教育专业三笔（钢笔、粉笔与毛笔）字练习，"比较满意"的被调查者占到34.8%，"一般满意"的被调查者有48.6%。从图2-29的右图可以发现，"比较满意"简笔画教学的被调查者有40.2%，而"一般满意"的被调查者占到42.7%。从上述数据可知，华文教育本科专业学生对三笔字和简笔画教学的整体满意度不高，间接反映出学生基本功训练的不足等问题。

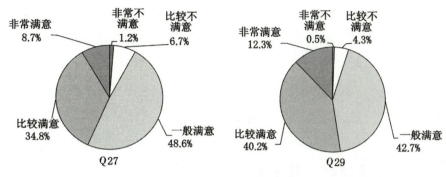

图2-29　华文教育专业的三笔字和简笔画教学满意度情况

接下来，笔者主要分析华文教育本科专业三笔字练习与学校、年级和性别是否存在差异。通过方差分析可知，其P值分别为0.036、0.003、0.121。这表明性别与三笔字练习满意度之间不存在差异，而学校、年级跟该选项存在差异。笔者进一步探讨华文教育简笔画教学与学校、年级和性别是否存在差异。通过方差分析可知，其P值分别为0.023、0、0.97。这表明性别与简笔画教学之间不存在差异，而学校、年级跟该选项存在差异。因此，华文教育专业三笔字与简笔画教学满意度评价与学校、年级之间存在显著性差异。

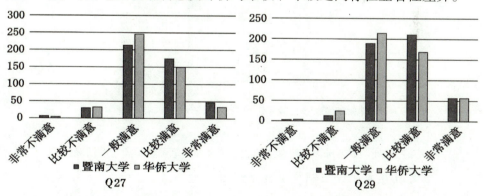

图2-30　学校与华文教育专业的三笔字和简笔画教学满意度情况

笔者再对学校做进一步分析，结果见图2-30。从图2-30的左图可以看出，华文教育专业三笔字练习满意度情况，暨南大学"非常满意"和"比较满意"程度比华侨大学高；而"一般满意"方面，华侨大学比暨南大学高。从图2-30的右图可以看出，对于华文教育专业简笔画教学，暨南大学"比较满意"程度比华侨大学高，华侨大学"一般满意"程度比暨南大学高，在"非常满意"程度方面，两所学校相似。可见，暨南大学华文教育本科专业三笔字和简笔画教学整体满意度要高于华侨大学。

笔者进一步对各年级做分析，结果见图2-31。从图2-31的上图可以看出，华文教育专业三笔字练习满意度情况，大二学生"比较满意"程度最高，大四学生"一般满意"程度最高。从图2-31的下图可以看出，对于简笔画教学满意度，大四学生"一般满意"程度最高，大三学生"比较满意"程度最高。综合上述的数据分析，笔者进一步得出，大四学生对华文教育专业三笔字和简笔画教学满意程度较其他年级而言偏低。

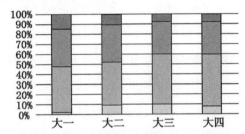

Q27

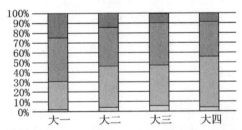

Q29

图2-31　年级与华文教育专业的三笔字和简笔画教学满意度情况

4. 华文教育专业分班制度满意度评价

笔者对调查问卷的第25、26题数据统计后的结果见图2-32。如图2-32的左图所示，对所有新生按照新HSK的成绩来分A、B、C班的满意度，"比较满意"的被调查者占到38.2%，"一般满意"的被调查者有33.7%，而"非常满意"的被调查者有16.8%。从图3-32的右图中可以发现，比较满意"根据上一年学习情况动态调整分班"的被调查者有33.5%，"一般满意"的被调查者有40.1%，而"比较不满意"的被调查者有10%。从上述数据中可看出，华文教育专业学生对按照新HSK成绩来分班的满意度整体偏高，而对于动态调整分班制度的满意度偏低。

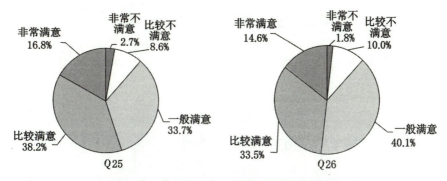

图2-32　华文教育专业分班制度满意度情况

接下来，笔者主要探讨所有新生按照新HSK成绩来分A、B、C班的满意度与学校、年级和性别是否存在差异。通过方差分析可知，其P值分别为0.001、0.003、0.981。这表明学校、年级与分班制度满意度之间存在显著性差异，而性别跟该选项不存在差异。笔者进一步探讨动态调整分班制度的满意度与学校、年级和性别是否存在差异。通过方差分析可知，其P值分别为0、0、0.711。这表明性别与动态调整分班制度之间不存在差异，而学校、年级跟该选项存在显著性差异。因此，华文教育本科专业分班制度满意度与学校、年级之间存在显著性差异。

笔者对各年级做进一步分析，结果见图2-33。从图2-33的上图中可以看出，按照新HSK成绩分班制度，大一学生"比较满意"程度最高，大三学生"一般满意"程度最高，大四学生"比较不满意"程度最高。从图2-33的下图中发现，学生对动态调整分班制度，大三学生"一般满意"程度最高，大二学生"比较满意"程度最高，大四学生"比较不满意"程度最高。综合上述的数据分析进一步得出，大四学生对分班制度的整体满意度偏低。

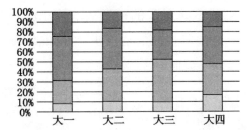

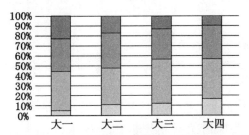

图2-33　年级与华文教育专业分班制度满意度情况

三、研究结果与讨论

通过上面的分析过程，结合人才培养模式的构成要素：培养目标、培养标准、课程设置和培养路径，经问卷调查总结得出以下几点结论：

第一，专业学习动机、专业理解与专业认同的差异。"想做与汉语有关的工作"和"因为有奖学金"成为学生选择学习华文教育专业的最主要原因。同时，选择做华文教师相关工作的比例偏高，但存在一定数量的学生对华文教师的职业认同偏低，毕业后另有打算，选择跟教育无关的工作。面对这种情况，须增强学生从事华文教育的使命感、荣誉感。基本理论、专业知识、专业技能训练被认为是华文教师应具备的重要素质。具体来说，汉语听说读写技能、课堂教学技能、与人交往的技能、教案设计能力是华文教育专业学生认为最应具备的重要能力，也是华文教育专业学习的重点。由此可见，华文教育本科专业是华文师资培养的重要载体，华文师资培养是华文教育的重要组成部分。

"培养什么人"是教育的起点。如果说培养目标、培养标准是回答"为谁培养人""培养什么人"问题，那么，课程设置和培养路径则是回答"如何培养人"问题，相当于"模具"的选择。在专业人才培养过程中，高校首先确定人才培养目标（为谁培养），进而才能确定人才培养模式的方式（如何培养）。华文教育本科专业目标是培养既懂语言基础知识和教育理论，又有语言教学能力的，具有综合素质的应用型人才。如何加强华文教育本科专业学生的专业认同感，注重培养其能力，无论是从专业培养目标的确定，抑或是专业培养标准的细化，还是从后续的课程设置出发，都需要明确人才培养模式各要素关联，设置有针对性的课程内容，以满足华文教育专业本科学生的需求。

第二，课程设置现状与实际课程学习的差距。学生认为汉语语言类课程对自己成为华文教师的帮助最大，次之是教育学、心理学课程等教育类课程，希望在课程体系中增加语言课、汉语教学技能课和教育学类课程，偏向论文和教案设计这两种毕业设计形式。课程设置存在的问题主要是实践训练不够，学生技能训练偏少，课程理论性太强，学习难度大。学生自身学习基础差、对于教材理解和教师教学方法的接受程度有限，是学习比较吃力的主要原因。学生除了寻求教师的帮助之外，更希望得到中国学生以及本专业学姐学长的辅导。一半以上的学生希望通过组织多次微型教学培训和增加训练次数来提高微型教学效果，以及利用早读机会和编写早读内容提高早读效果。学生希望通过增加演讲、中文歌曲、电视剧或电影配音、中华文化知识等多种形式的课外活动，来提升自身综合素质。

结合专业学习动机、对专业认同的理解来看待培养目标与课程设置的关系，二者是相互影响、缺一不可的关系。强调培养目标并且注重课程体系的构建，才能加深学生对培养目标的理解和专业认同感，否则目标将会空设，难以操作。如果只从学生的实际层面编制课程而不注重培养目标的合理定位和专业学习动机，就会使培养目标和课程设置之间出现"两张皮"的现象。课程设置的现状与实际课程学习出现的差距，部分原因是学生自身汉语水平存在差距，其次是现有课程设置的不合理性。如何优化课程设置，推进培养路径的改革，进一步满足学生的全面发展，是课程设置与培养路径需要考虑的后续问题。

第三，学生专业学习整体满意度评价处于"比较满意"与"一般满意"之间。大部分学生对华文教育本科专业整体满意程度偏正向，对华文教育专业课程体系满意度、教师教学水平和教学方法、课程评价方式与课程教材使用情况的满意度，以及班级管理满意度以"比较满意"和"一般满意"为主。学生对目前华文教育本科专业的实习安排、三笔字和简笔画教学整体满意度不高，间接反映出学生实践教学的不足等。学生对按照新HSK成绩的分班制度满意度整体偏高，而关于动态调整分班制度的满意度偏低。具体到学校，暨南大学"比较满意"程度高于华侨大学，华侨大学"一般满意"程度高于暨南大学；具体到各年级，大一学生"非常满意"程度偏高，大二、大三学生"比较满意"和"一般满意"程度偏高，大四学生"比较不满意"程度偏高。

本书调查研究选择我国开设华文教育本科专业的高校（暨南大学、华侨大学），避免以往调查研究单一样本的不足，全面了解了华文教育专业本科人才培养现状，具有现实意义。目前整体满意度评价介于"比较满意"和"一般满意"之间，学生或因知识基础的差异、教师教学方式以及教学管理制度的安排等原因出现满意度的差异。根据学生专业学习满意度评价反映的基本事实，华文教育本科专业培养对象的差异性明显，其培养过程既要遵循人才培养一般规律，从人才培养的内涵、特征等角度出发，又要兼顾、尊重学生个体的差异性，分类分层开展人才培养模式改革，既强调华文教育本科专业学生的全面发展，又要因材施教，重视个体的差异性，开展个性化培养。实施华文教育专业本科人才培养模式是促进学生全面发展与个性发展融合的有效途径。在后续培养目标内涵分析、培养标准的构建、课程设置的优化和培养路径的推进等方面都需要加以探讨，并针对性地提出具体的改革建议。

第三节 访谈调查结果分析与讨论

从上述问卷调查的情况来看，华文教育专业本科人才培养模式的改革探索有着自身特色，也存在着各种问题与矛盾。在访谈调查中，尤其在跟华文教育专业的设计者、管理者和一线教师的深入访谈过程中，发现目前人才培养模式中存在亟待解决的问题与困难。本节研究内容基于访谈资料，重点剖析问题及其成因，以便进一步提升研究的代表性。

一、华文教育本科专业招生对象的特殊性

华文教育本科专业人才培养，主要面向海外尤其是东南亚华人，培养掌握海外华文教育基本原理和方法，熟悉侨情，了解海外华侨华人教育规律，系统掌握汉语和中华文化的基本知识，通过汉语听、说、读、写、译等专项技能与综合技能的训练，能够开展华文教育的华文教学、管理人才。从上述可知，华文教育本科专业面向海外招收华裔子弟，为所在国华文学校培养本土华文教师，本质上是培养汉语言文化教育的师资和教学管理人员，即专业化的华文教育工作者。

汉语国际教育专业主要面向国内招生，面向各种母语背景的学习者培养师资；也招收外国留学生，但是培养的是中文教师，以外国人为主要教学对象（语言教学为主），与华文教育专业的定位（培养华文教师，以华侨华人学生为主要教学对象，语言教学和文化教学并重，重视民族语言文化传承）略有不同。华文教育专业授予教育学学位，相关的汉语国际教育（原对外汉语专业）、汉语言文学、汉语言等专业属中文学科，授予文学学位。

华文教育专业与汉语国际教育等相关专业的区别在于，生源类型不同，

培养模式和要求也不相同。华文教育专业培养目标是培养华文教育师资，弘扬推广汉语言文字文化，而汉语言专业的培养目标是培养汉语的使用者。华文教育专业是以华裔学生为教学对象的，除了一般的专业知识和技能之外，还需掌握汉语知识、中华文化和教育的理论，注重思想品德，对中华传统文化教育方面的要求比较高，尤其要通过各种文化活动培养学生对中华文化的认同。

结合上述分析，华文教育专业的特色体现在：第一，生源国际化，主要招收海外华裔子弟，来自华人社会，面向海外华文学校（属中华语言文化教育）；第二，具有师范性，华文教育专业是培养华文教师，有着教育学的整套理论和实践课程，突出教学法、心理学、教育学等方面的课程，包括板书、教育心理学、微型教学等，增加教学实习等环节，对教师职业技能要求比较高，重点培养学生教学技能、教师角色意识，为把学生培养成为一名合格的准华文教师进行教育理论和技能的培养；第三，授予教育学学位，但有别于国内传统的教育学，兼容汉语言、文化、教育等学科，在课程内容上汉语言、文化、教学占很大比例，要求汉语听说读写流利，具备基本的教学知识和技巧，能独立完成备课、授课、练习、考核全环节；第四，学生的汉语水平起点千差万别，在培养过程中分层次、因材施教的要求比较高，学生接受知识的深浅和快慢也有区别。

二、华文教育本科专业培养目标的偏颇

培养目标是人才培养应然状态和实然形成的调谐，是高校对于"培养什么样的人"的理性思考与周密设计，具有导向价值、标识价值和激励价值。[1]访谈调查情况反映，华文教育本科专业培养目标定位基本准确，但存在过细过窄，忽视培养目标在培养模式中的导向作用的问题。

教师T1：目前的培养目标表达不够科学，"学前儿童汉语教学""以

---

[1]涂宝军、张新科、丁三青：《大应用观与应用型人才培养:哲学意蕴、逻辑起点与实现路径》，《职业技术教育》2019年第13期，第27页。

汉语为教学语言的学科教学能力"是为了在华文教育专业下新设方向而写的，一则过细，二则该专业也不可能培养语文之外的学科，如数学、科学、历史、地理、生物、化学等老师。

由于专业培养目标对教师的教学和学生的学习都具有导向、激励、调控作用，再加上培养对象的特殊性，在设计培养目标时的偏颇与失衡，对人才培养模式的影响是全局性的，进而在人才培养模式的具体推进过程中面临着落空等问题。

教师 T2：华文教育本科专业生源结构特殊，作为培养单位，我们不能自主选择生源。生源背景多样，起点不同，在同一套培养方案之下实现对人才的分类培养，以满足海外对各种类型专业师资人才的需求，但是实际培养难度较大。目前学校的学分制度只对大模块的学分有要求，要实现分类培养，就需要保证学生选修的课程在基础教育和专业教育两个大类之间保持同一性，但是如果学生不按拟定的培养指引来选课，而是在学分大框架要求下任选，就可能导致人才培养实现情况与预期目标不吻合的情况。

针对现有培养目标，其他被访谈者也提出了各自的理解与判断。被访谈者提到现有人才培养目标是就整个华文教育专业的人才培养而言，具体到每个同学可能是其中的某些方面，并不能全部实现。这也说明目前培养目标是一个有层次、有分流的培养目标。如何在专业培养目标中有所侧重，体现知识、能力和素质才是重点。

教师 T4：实际上我们从不同的方向培养学生从事不同的教学、管理工作，或者是从事翻译、语言类相关的工作。不同的工作在培养目标和课程设置以及专业训练上是不同的，但是我们还是应该考虑到核心问题，华文教育工作者的素质和能力。

关于人才培养目标的确定，被访谈者提出，首先应该符合华文教师专业人才培养的规律，这样才是名副其实的华文教育专业；其次兼顾学生在居住国的专业发展和就业，做到这两点必然符合海外华文教学需求。有被访谈者提出不同看法，仅依据华文教育专业人才培养的规律，结合海外华文教学的需求来确定，其他只是需要兼顾的因素，比如国家战略需要、海外华文教育的现状和发展趋势、各国华文学校的需求等。由于地缘政治的考量，目前并未明确对学生的华裔身份及其认同培养的要求，这虽在培养目标中并未予以体现，但在具体执行上始终是强调的。结合以上内容，华文教育本科专业应该结合人才培养的规律，根据生源特点与海外华文教育实际需求，形成具有自身特色的培养目标。

三、华文教育本科专业学生应具备综合素质与现实条件的差距

站在华文教育本科专业管理者的角度，海外华文学校最看重毕业生具备哪些方面的知识、能力和素质，应考虑符合华文教学、华人社会需要。被访谈者的反馈主要集中在以下几个方面：汉语教学能力、汉语应用能力、中华才艺（集中在中华文化、历史文学）、沟通交流[1]等综合素质和能力。能否胜任华文教师工作，是否具有良好的道德素养、奉献精神，是否有责任心和使命感，也是重要因素。

教师T5：海外华文学校，特别是东南亚国家的华文学校，教师工作量很大，要求华文教师有吃苦耐劳的精神。海外华文学校师资力量薄弱，有的学校只有少数的几位华文教师，这要求华文教师是全能型，能教各种类型的汉语类课程；要求华文教师知识面宽、能力强；要求华文教师具备策划组织与汉语及中华文化相关的活动。

---

[1]在教学过程中，具备多元文化、多种语言背景（母语加汉语普通话）的语言交流优势。

被访谈者对于华文教育专业学生经过四年学习，应该具备的知识、能力和素质的理解，主要包括：

知识：语言学专业知识、汉语专业知识、习得理论知识、中华文化知识、教育学心理学相关知识等。

能力：良好的汉语听说读写能力、跨文化交际能力、教育教学能力、中华文化传播能力，具有一定的才艺等。

素质：具有良好的教师职业素养、良好的心理素质和职业品德，热爱教育工作，尊重学生等。

被访谈者普遍认为，扎实的汉语基础知识，汉语交际能力，教育学、心理学的基本知识，汉语教学能力和教育管理能力，中华文化知识，以及教师素养是华文教师应具备的知识、能力和素质。

教师 T3：学生应该具备比较好的语言应用能力，普通话标准、准确，表达能力强，并且有很好的写作能力。具备教师素质和专业技能：优良的人格、思想品德、学识、技能、爱心等，包括基本知识和理论比较扎实，中华文化底蕴深厚，热爱中华文化，具有中华文化气质的多元文化和双语或多种语言能力，具有过硬的胜任教师工作的专业技能等。

目前华文教育专业学生的汉语语言基础薄弱，已影响到华文教育专业的后续人才培养。

教师 T2：生源质量参差不齐，按教育部对留学生的招生规定，应该达到 HSK5 级水平者，才能入读本科专业，但实际情况无法做到，生源80%均为零起点或汉语水平较低者，要在四年内学好汉语，同时要掌握系统的专业理论知识，对学生来说，难度很大。

被访谈者纷纷提出，学生存在学习能力、学习态度与学习动机等方面的问题，导致学习不努力，学习效果差。学生主动学习的意识比较薄弱，基本上是老师在督促学生学习，而没有主动学习的动力和习惯。要求高的课程，比如应用写作等，学生学习兴趣不高，不想下功夫学习，只是被动地完成老师布置的任务。中华文化等方面的积淀比较薄弱，汉语书面、学术语言能力欠缺，学术写作能力差，读不懂专业课教科书，进一步导致理论性课程听课能力差，理论知识薄弱，但他们较喜欢技能型课程。很多学生是因为有奖学金才报考该专业，本身并不愿意从事华文教学工作，职业认同感较低，加之很多国家华文教师待遇较低，要培养学生的职业认同感难度非常大。下一步应加强他们的文化认同，以及对华文教育事业的热爱和奉献精神。可以说，华文教育专业是华文师资培养的重要载体，华文师资培养是华文教育的重要组成部分。

四、课程设置的结构、比例有待优化

（一）课程设置比例不合理，偏重汉语言类课程

学生入学时的汉语水平无法控制，多数学生处于初级汉语甚至零起点水平，导致汉语语言类课程挤占了其他类型课程的空间，造成课程设置比例失衡。理想状态是减少汉语能力类课程的比重，增加语言专业理论课、教育类课程的比重，夯实基础。目前的课程设置是按照学生不同的汉语水平层次来设置的，但是面对不同层次的学生在具体实施的时候又存在一定的制约性。比如，汉语基础水平低的学生语言课比重大，其他文学文化类、教育类课程比重相应就压缩，这是因为他们的汉语水平从零起点开始占用了大量的学时造成的。如果不大量设置汉语课，汉语水平不过关，他们根本无法接受理论课程的学习。课程设置在很大程度上受到生源结构的制约，无法达到预期状况。所以，把控生源质量，严格控制学生入学时的汉语水平，提高入学的基本要求，进一步压缩语言类课程的学习时间，加大专业课程的学习是很有必要的。

有被访谈者提出，目前课程设置，语言类课程比较多，文学文化类课程比例偏低，理论课程和实践课程还有待加强。

教师T1：理论课程过于高深，课程总体上太过学院派，实用性不足，实践课程较为单一，应在充分调查海外华文学校实际需求基础上，有针对性地进行课程体系改革，面向教学教育工作需要，增设走上工作岗位后直接派上用场的课程。

因此，可适当减少理论性课程，强化汉语运用实践性课程，加强能力和素质的培养；重视汉语教学实践的系统性、科学性，增加教育技术类课程、教学资源开发利用类课程、实用教学法、书法课程、艺术语言课程。

（二）课程体系的编排受制于专业单一化与不同层次学生水平

现在的课程体系编排主要受到同一专业学生处于不同层次、不同培养方向等现实因素的制约。考虑到这一现状，暨南大学华文教育本科专业实施A、B、C分班教学。

教师T7：在同一个培养方案之下，要针对三个不同层次的学生分别安排课程，实际上要制订三套课程体系。而且因为C班汉语类课程太多（不得不开的汉语类课程总学分共72分），在必修学分和选修学分的安排上也受到严重制约，必修学分只能占较少的比例，很多本应设为必修课的专业类课程，必须设置为选修课，否则，人数占比最多的C班学生就可能达不到相应的学分要求而无法毕业。必修课开设学期是要求在培养方案中标明并相应执行的，但是这些课程针对A班学生要开得早一些，C班则要晚一至两个学期才能开设，延迟开设都需要单独申请。而且即使同一门专业课程，对不同层次学生进行教学时实际教学内容和容量也大不相同，很难做到平行处理。

因此，课程体系编排需要加强研究支持，经过多轮实施、调整、论证，在调查研究基础上建立课程体系，但是关键看执行与落实。面向汉语水平较差的学生，可否探索开设一年语言预科课程，汉语基础课程不再纳入培养方案课程体系中，有待考虑。

（三）实践教学技能训练的整体安排比较合理，强化微型教学训练

实践教学的整体安排比较合理。暨南大学有专门的实践教学体系，在该体系里将各项专业技能与实践类课程、理论类课程分别对应挂钩，形成有机联系，学生得以接受扎实的实践技能训练。有被访谈者提出，由于汉语课太多，导致大量必要的实践教学转移到课外，加重了学生、老师的负担；理论课的实践部分不是很均衡，老师投入程度不一，需要对各门理论课提出具体的实践比例、质量要求。为训练学生的教学技能，暨南大学设计贯彻四年的专业技能训练方案。方案包括三笔一画、口语、诵读、演讲、微型教学等内容。同时，在人才培养方案中专门设置了经典诵读、三笔字与简笔画等课程，对应早读、三笔字等实践训练环节。

> 教师T4：微型教学方面，安排每个学生接受三个学期的训练，由教师轮流指导，每个学生每学期一次讲课机会，若干次听课评课机会。早读环节，安排学生第一学期开始每天早读，一直进行到第六学期，并专门编写了经典诵读教材，每个班安排了一位研究生在早读时带读。三笔字方面，为每位学生配备一块小黑板，让学生练习粉笔字。硬笔也有相应练习任务，还会不定期举办相关比赛，激发学生练习的积极性。

目前，华侨大学在学生教学技能训练方面，已形成制度化体系，开展三笔字、普通话、演讲、微型教学、微课大赛、作文竞赛等比赛，以赛促练，提升学生教学能力。为提高学生的语言表达能力、教学组织能力，特别是课堂管理能力，教学形式是随着教学技术、教学条件的发展变化的。实施的结果表明，目前的技能训练是比较有效的，学生教学基本功通过这一系统训练得到了保障，这是汉语国际教育专业所没有的。同时，可根据教育技术的发展，增加实用教育技术的内容，以及加大质量追踪和监控。

（四）教育见习与教育实习安排有待调整

目前教育见习安排在第四学期。对于教育见习的时间安排，被访谈者的

意见不同。有人认为最迟应从第二学期开始，可以在幼儿园、中小学或留学生语言课程班级见习；也有人认为教育见习应该从第二个学期结束开始，分学期连续安排，至少可以持续到三年级，最终评定学分，学生经过一个过程的成长积累，对后续的教育实习有帮助。笔者比较偏向上述两种观点。还有被访谈者提出教育见习应根据学生具体方向来确定，一般来说第二学年进入教育见习是合适的，或者安排在第五学期开始，让学生有当老师的心理准备。

教育见习在实际实施过程中遇到诸多困难，比如学生人数太多，教育见习很难安排，理想状态是安排学生尽可能多地去学校见习，但是这么大规模的学生进学校见习，需要经费、政策等各方面的支持。

教师T7：教育见习是在第四个学期，总体来说对汉语水平较好的学生比较合适，他们已经学习了一些专业课程，有利于在见习时将理论与实践相结合，但对于汉语基础较弱的学生，第四学期仍然以汉语类课程为主，见习时学生没有太多理论认知，效果有限。对于他们，可以适当推迟见习时间，但是因为见习是学分课，必须在第四学期录入成绩，所以实际操作时无法根据学生课程学习结构进行时间上的调整。目前见习的形式和效果不太理想。一方面，学生人数太多，师生比不合理，老师课程多，没有足够精力带学生去见习；另一方面，由于系里没有相应经费，只能去附属小学、附属幼儿园见习，而这两个单位班级少，容纳不了这么多学生去见习。目前只是安排汉语基础较好的学生去校外见习，多数汉语基础较弱的学生只能在校内集中观摩学院安排的教师教学展示并组织集中讲评。

因此，学生的教学观摩与进入中小学实际参与教学和管理的课时还要强化，在情况允许的前提下，应组织集体教育见习。

目前教育实习主要采用的是学生回国、分散实习的方式，基本上比较顺畅。其好处就是学生能回所在国的华文学校开展教学工作，为毕业后顺利开展工作打好基础。存在的不足是组织、指导不够，缺乏学校的管控和监督，无法有效监控每个学生的实习情况，只能通过实习报告、实习鉴定表来判断学生是否完成基本实习任务。可以考虑在生源集中的国家和地区寻找华文学校合作伙伴，建立实习基地网络，设立一些集中实习基地，将分散实习与集中实习相结合，派一些资深的指导教师去集中实习基地跟踪实习，开展实习工作的巡回指导，规范实习过程。

（五）毕业设计（论文）偏重教学实践

目前，毕业论文的要求标准较高，主要是以论文答辩申请学位。对于母语非汉语的学生而言太难，要客观认识华文教育本科专业学生的汉语水平、汉语能力，降低论文要求，根据海外华文教育的实际需要，或以其他形式替代毕业论文。既然华文教育本科专业定位在应用型人才培养上，毕业论文可以灵活多样，鼓励学生采用符合华文教师培养目标的毕业设计等多种形式，以教学实践为主的毕业设计作为主要形式，有一线教师提出更倾向于实践型的教学设计。

教师T3：目前学生写毕业论文，需要分流对待，由于前期招生的特殊性，所以学生入学水准不同，但是到了毕业时要求又要统一，确实难度很大。比如我们的A层次同学可以写毕业论文，B层次的同学可以自由选择毕业论文和毕业设计，C层次的同学最好写毕业设计，特别申请再写毕业论文。这样老师们指导起来可能更加有针对性，否则学生很难，老师更加费力气，学生也达不到理想的要求，给以后的教学评估也带来了很大的风险和麻烦。

五、培养方式的困境与招生途径密切相关

（一）分班教学与人才培养过程中的现实差距

目前培养方式的问题，主要是分班教学导致人才培养过程无法做到同质化，也就是说毕业时学生的水平仍然会存在一定的差距。像入学时汉语水平较弱的学生，其专业理论课程的总量占比，比汉语水平较好的学生要少得

多，在专业综合素质和能力方面也存在一定的差距。还有异地办学①的各种困难。按照学生汉语水平分流教学是基于目前情况的一种选择，但无法从根本上解决问题。

教师T5：一年级、二年级着重语言训练，班级人数最好不要超过25人，一年级一定要严抓严管，汉语入门的拼音、汉字书写等人人必须过关，这就好比"在中国吃饭得会拿筷子"。

教师T8：存在部分学生害怕挑战，留在低程度的班级。其实这些学生往往有一定的基础，而且学习习惯很好，学习动机很强，稍微有一点压力，可以胜任更高程度的班级。

教师T9：单一国别的班级，教学效果整体不错，但课堂内外使用汉语的情况较少，学生未能很好地利用在华学习这一良好的语言环境；多国别的班级，基础水平层次明显不同，文化、性格差异等因素会影响整体效果，其间应注意中介语，特别是汉语—英语—母语的杂糅语言的影响。

因此，培养方式改革的关键还在于控制生源，对学生入学时的汉语水平应严格要求。有被访谈者建议增加语言预科培养环节，入学时汉语水平不达标者先进预科学习汉语，等汉语过关，再正式进入本科学习。

（二）培养单位缺乏招生自主权

关于华文教育本科专业的招生方式，对人才培养质量是有影响的。被访谈者纷纷提出：培养单位缺乏招生自主权，缺乏面试环节，入学门槛太低，招生规模太大，影响生源质量。教学管理中出现的诸多问题，特别是在课程设置方面，都是生源质量不佳引起的，其中也有学习动机不纯的学生，为了拿奖学金而来"混日子"的学生。

①《关于暨南大学华文学院与北京华文学院继续开展联合培养华文教育本科专业学生项目合作的批复》（暨办批〔2017〕9号）：同意在现有"1+3"培养模式的基础上增加"2+2"模式。即暨南大学华文教育本科专业的大部分学生第一学年在北京华文学院学习，第二学年到第四学年在暨南大学华文学院学习；约50名学生第一、二学年在北京学习，第三、四学年在广州学习。

教师T4：现在的招生分指标下放至各国家，然后先报名单到国务院侨务办公室，再到学校，这样我们的学生质量很难得到控制。缺失学校质量把关的入学要求和过程，严重影响到学校对学生培养的教学质量和教学秩序。希望在国家层面进行统筹之后，具体招生入学需要学校参与入学把关。最好有招生的国际网络，推荐优秀学生和固定的优质学校挂钩，然后进行面试笔试等入学相关手续才可以。

总的来说，目前的招生方式有其合理性和必要性，但并不符合高等教育的规律。建议给予培养单位更多的招生自主权，提高招生准入门槛，设置基本的测试，提高生源整体质量。适当压缩招生规模，或者增加培养院校①，考虑设置语言预科、本科等多种形式，进行学生的分流。

对于华文教师的培养，有人认为"应根据海外华文教育市场需求来培养，市场急需什么样的人，我们就培养什么样的人"的看法，华文教育本科专业的管理者们不太认同，指出：华文教师的培养不能完全依据市场需求，这样会破坏教育完整性、科学性。市场需求只是人才培养考虑的一个方面，更多应根据海外华文教育的特点和规律。华文教育本科专业人才培养要引领海外华文教育未来的发展，而不是被市场牵着鼻子走，并且在守住华文教育本科专业的教育核心不变、科学体系不变的情况下，针对各国的教育政策和教育实际需求进行补充或岗前专门训练，做到既有系统性，又有针对性。

六、人才培养模式的构成要素与面临困难的理解

关于华文教育专业本科人才培养模式的构成要素，被访谈者认为，培养目标、培养标准、课程设置、培养途径、评价方式等要素都应该包括。有被访谈者提出应增加培养环境、培养环节等；还有被访谈者提出人才培养模式的核心是培养理念、课程设置与建设。

---

①目前有暨南大学、华侨大学、云南师范大学获准招生，其中云南师范大学自2019年暂停招收中国学生，2020年恢复招生国内高考考生，隔年招生。

教师T7：人才培养模式，首先要确定明确的培养目标，然后制订切实可行的培养方案，进行针对性的课程设置，把握好教师的专业化素质，提高教学管理的过程化规范，监控好人才培养质量的全过程。扩宽培养途径，除了学校课堂教学、课外活动之外，还要和所在国的教育政策和教育实际相结合。评价方式也要具有该专业的国际视野和国别化视域，在教学实践、学业成绩、教学技能、教研素质和水平等方面进行全面评价。

关于华文教育本科专业人才培养面临的困难，被访谈者认为，师生比不合理，教师普遍工作量大，特别是在正常教学之外的微型教学指导、学年论文、毕业论文、实习见习指导等工作量非常大，教师普遍工作压力大，且教师结构有待优化，教育学、学科教学方面的教师缺口很大，不符合作为教育类专业的师资结构的要求。

面临的主要问题集中在学生方面，包括以下几点。

一是生源结构不合理，学生普遍不符合入学基本要求，培养起点太难，培养过程困难重重①。二是教材缺乏针对性，中国国内学生使用的教材，不适合华文教育专业学生。三是境外教学实习难以规范落实、系统指导。四是对口就业有障碍，海外华文学校要提高华文教师待遇，让华文教师安心华文教学，不为生计离开华文教师岗位。华文学校要留得住人才，不要让辛苦培养的华文教师大量流失。

结合上述的访谈内容，华文教育本科专业人才培养困难集中在生源的质量。生源之间素质的差距较大，给教学和管理都带来很大的影响，进而直接影响人才培养模式。从调研中也反映出，一方面是培养单位缺乏招生自主权，入学门槛太低，招生规模太大，进而影响到课程设置的安排和培养路径的实施，这其中既有顶层设计的弊端，也有现实教学条件等困难。另一方面，教育背景的差异，培养环境的不同，学生学习主动性、能动性的不足，也成为人才培养模式改革的阻滞。

究其原因，对于人才培养模式的弊端的认识，我们不能停留在表面或局

---

①汉语水平通过现行的HSK考试五级是最低要求。

部，试图通过微观层面的改革来实现目标，缺乏系统性的统筹思考，而要从制约人才培养模式改革的深层次原因入手，要在人才培养的实践中把知识、能力与素质培养统一起来。教育的真谛，是"使人之为人"，是成"人"教育，而不仅是成"材"、成"器"教育。[1]人才培养模式是在知识（Knowledge）、能力（Ability）和素质（Quality）三个要素协调统一的基础上，进一步建构学生的知识、能力和素质结构。[2]知识主要包括专业基础知识，这是提高能力的基础；能力主要包括专业技能、专业实践等能力；素质则包括道德品质、专业素养和人文素质等，这是人才培养的核心。知识、能力和素质的协调统一，协同发展，才是人才培养模式的旨归。

综上所述，从系统管理过程理论的观点来看，根据调查研究所得的数据，华文教育专业本科人才培养模式的探索，是在整个招生、培养环节中进行的。要找出其中存在的主要矛盾，并把解决培养目标、课程设置、培养路径等方面的主要矛盾作为人才培养模式的重点。培养目标、培养标准、课程设置等都是人才培养模式系统中的一个子系统，立足并受制于生源质量的现实性，并根据实践探索中所存在的一系列问题以及产生的具体原因展开分析，做出全面深入的透视：既有国家语言战略的现实需要，也有学校人才培养的重要使命，还有对知识、能力和素质关系的认识偏差；既有教学管理制度设计统一性制约等外因，也有学生个体学习主动性、能动性不足等内因。如何充分调动华文教育本科专业学生的积极性，从追求工具性价值向发挥个体潜能转变，以推进华文教育专业本科人才培养模式的改革，仍有待进一步思考。

---

①涂宝军、张新科、丁三青：《大应用观与应用型人才培养:哲学意蕴、逻辑起点与实现路径》,《职业技术教育》2019年第13期，第26页。

②参见潘冬：《应用型本科院校英语专业KAQ人才培养模式研究》,《现代教育科学》2011年第11期，第122页。

第三章　华文教育本科专业
人才培养目标的探讨

　　教育的根本问题是培养什么人、怎样培养人、为谁培养人。[1]培养什么人是教育的首要问题。人才培养目标决定了培养什么样的人，也是专业人才培养必须搞清楚、弄明白的根本任务和基本方向。人才培养目标一经确定，对教育活动的发展方向起着规定性的作用。人才培养目标，是指根据一定的教育目的和约束条件，对教育活动的预期结果，即对学生的预期发展状态所做的规定。[2]人才培养目标是一种教育预期标准，是高校教育目的的体现形式，具体为基本规格要求和质量标准，以及人才培养的特殊要求。培养目标是人才培养模式的核心要素，是教育活动的出发点和归宿，对人才培养活动起着支配、调节和控制的作用；人才培养模式的其他构成要素都受培养目标制约。本章主要分析华文教育本科专业人才培养目标的内涵，进一步确定其逻辑起点、归属以及实现途径，坚持为谁培养人的立场，思考各利益相关者的诉求。这一探讨具有重要的现实意义，也是本书研究的重点内容。

第一节　华文教育本科专业人才培养目标的内涵

　　学校人才培养目标是对人才培养类型、规格、层次及所要达到的标准的顶层设计和规划，作为纲领性的人才培养总体要求的行动指南，反映学校的价值取向、办学理念和办学特色。培养目标是培养的方向，是人才培养的总体要求和价值追求。具体专业人才培养目标的明确，是专业发展的方向性选择。首先，从华文教育本科专业人才培养目标内涵出发开展分析，进一步厘清人才培养的类型定位维度、职业方向维度和特色培养维度。其次，逻辑起

---

　　①2018年9月10日，习近平总书记在全国教育大会上的重要讲话内容。
　　②苗学杰：《对我国地方高师教育学本科专业的浅思——培养目标与模式的应然与实然冲突》，《世界教育信息》2007年第11期，第32页。

点是研究对象最简单、最一般的本质规定。专业培养目标的逻辑起点，归根结底是围绕培养什么样的人这个根本问题展开。在学校人才培养总目标之下，可从学科规律为逻辑起点的文化属性、社会发展为逻辑起点的社会属性以及学生发展为逻辑起点的人本属性三个视角，分析厘清人才培养目标的确定及实现的内在逻辑，以及围绕培养目标而做出相应调整。

一、人才培养目标的内涵

专业人才培养目标一般包括培养方向、培养类型、培养层次和培养定位等要素。面向海外招生的华文教育本科专业，在国内无例可循，暨南大学、华侨大学只能自己摸索，根据专业定位——为海外培养华文教师，确定专业培养目标，结合学生的实际情况设计本科人才培养方案，形成人才培养特色。首先，笔者对两所学校华文教育本科专业人才培养目标的内容做了比较分析，分析其异同点。

暨南大学华文教育本科专业人才培养目标[①]：

A1. 培养学生掌握华文教育的基本知识和专业技能，具备汉语作为第二语言教学、学前儿童汉语教学或以汉语为教学语言的学科教学的能力；

A2. 培养学生具有较强的汉语应用能力；

A3. 培养学生传播中华文化的能力；

A4. 培养学生成为能从事华文教学与研究、学校教学管理、汉语应用等方面工作的应用型人才。

华侨大学华文教育本科专业人才培养目标[②]：

A1. 培养具备扎实的汉语言语能力与跨文化交际能力；

A2. 系统掌握汉语基础理论和教育学、教育心理学、第二语言教学、第二语言习得的基本知识，熟悉华文教学的原理、规律和方法；

A3. 熟悉中国国情和中国历史文化；

[①] 详见暨南大学 2019 级华文教育专业本科人才培养方案。

[②] 详见华侨大学 2016 级华文教育专业教学计划，因为该专业近三年未进行大的人才培养方案修订与调整，所以选择最近的 2016 级教学计划。

A4. 能够运用现代教育技术；

A5. 能够从事华文教育教学、管理、研究及中外经济文化交流工作的师范型应用人才。

上述内容为华文教育本科专业人才培养目标。人才培养目标是本科专业的出发点和归宿。人才培养目标内容应包括类型定位维度、职业方向维度和特色培养维度。以下从培养目标的人才类型定位、职业定位和特色定位三个方面进行对比，进一步分析两所学校华文教育本科专业人才培养目标的异同点，为培养目标的逻辑思考提供参考依据。

第一，人才培养类型定位：应用型人才。人才培养定位是总开关，是决定培养什么规格人才的核心和关键。规范华文教育本科专业人才培养目标对于人才培养定位的要求，体现出华文教育本科专业在教育体系中的特殊分工，有助于华文教育本科专业与其他本科专业相区别。两所学校都将华文教育本科专业人才培养目标定位在"能够从事华文教学与研究、管理等方面的应用型人才"。华文教育本科专业的办学使命与招收对象的特殊性，决定着培养目标的实现以培养海外华文学校急需的教学和管理应用型人才为基本任务。这说明两所学校针对华文教育本科专业人才培养定位是清晰的，目标是明确的，就业去向是确定的，就是培养能胜任海外华文教育工作的合格华文教师，为海外各国培养高素质的华文教师和华人社团骨干，以缓解海外华文教师短缺问题，推动海外华文教育的可持续发展。作为应用性很强的专业，其要求培养对象具备汉语听说读写等综合技能和跨文化交际能力，具备很强的汉语能力是前提。在语言能力方面，强调学生系统掌握汉语基础理论，具有较强或扎实的汉语应用能力，具备以汉语作为教学语言的教学能力，适应不同需要的语言教学能力和组织教学能力。

第二，人才培养职业定位：师范特性的凸显。华文教育本科专业是培养能够胜任华文教育工作的师范型人才，专门面向海外培养华文教育师资和教育教学管理人员。其职业定位规定了培养对象的职业偏向"师范特性"的华文教师。在人才培养目标的表述中，需要学生掌握教育学的基本理论和知识，熟悉华文教学的原理，了解中国的国情和文化，具有以汉语为教学语言、针对海外华侨华人开展华文教学的良好能力，体现着华文教育本科专业的师范特性，为学生今后的就业奠定基础。

教育学类的毕业文凭为华文教育专业本科毕业生走上教学岗位创造了有利条件。华文教育专业实际是"华文师范"。因此，师范性是其基本属性之一。[①]既然属于教育类专业，那必须有其适应教育类专业一般性的特质。一切都围绕华文教师的师范特性培养而开展，突出师范生的教育实践能力，加以见习、实习等实践环节，培养师范特性的专业技能，目标的指引就是未来从事华文教育工作，这是华文教育本科专业人才培养的重要基础，也是其人才培养方向定位的应有之意。华侨大学则把华文教育专业人才培养类型的具体内涵进一步界定为"师范型应用人才"，更突出师范特性。

第三，人才培养特色定位：华文教学的体现。培养目标对培养对象的范围进行定位，根据海外实际需要，专为海外尤其是东南亚地区培养华文教师。两所学校华文教育本科专业从"弘扬中华优秀文化"的时代高度，结合当前的"一带一路"倡议，遵循华文教育的一般规律，以汉语语言能力为基础、以华文教学能力和中华文化传播能力为核心，确定华文教学这一中心任务，制订人才培养方案，实施人才培养模式改革。而具体到中华文化的传承上，都要求"熟悉中国文化"，但两所学校各有侧重。暨南大学华文教育专业强调培养学生传播中华文化的能力，发挥中华传统美德的影响力和感染力；华侨大学华文教育专业则强调熟悉中国国情和中国历史文化，在汉语知识传授和汉语技能训练的同时，有效地进行中华知识文化和精神文化的引导，培育学生的中华文化气质和文化人格。目标定位的差异性，为后续的学生培养指明方向，在人才培养路径的选择、课程体系建设、教学内容组织等方面得以体现。

从上述分析中可以看出，华文教育本科专业人才培养目标注重应用型人才培养、强调师范特性，体现华文教学特色，显示其类型特色和要求。结合上述内容，专业培养目标受到特定的领域和层次需要的影响，具有多样化的特征。现阶段华文教育本科专业人才培养目标主要指向华文学校汉语教学、

[①] 郭熙：《华文教育专业建设之我见》，《暨南大学华文学院学报（华文教学与研究）》2009年第1期，第9页。

教育管理人才，华人社会汉语应用人才，汉语言文化与外语语言文化的跨文化交际人才培养。

二、人才培养目标的逻辑起点及其实现方式

人才培养首先需要确定培养目标，其次是如何实现这个目标。人才培养目标的逻辑确定过程，即高校确定人才培养目标定位经过的程序或阶段的定位过程。结合逻辑定位的合理性，思考人才培养目标定位符合人才培养客观规律的程度，包括定位是否具有特色，是否与国家、区域或行业经济社会和高等教育发展及高校办学传统和现实条件相契合等。[1]笔者在高校教务管理部门工作，一直在关注本科专业人才培养问题。作为笔者，在对暨南大学的专任教师、学生和用人单位的调研中，发现每隔四年进行本科人才培养方案调整修订工作时，相当部分专业的人才培养方案制订和修订过程中存在着一个突出问题：人才培养目标不清晰、定位不准确。其表征形式为对于人才培养的目标定位，不同的利益相关者的价值诉求不一。作为专业学术领域代表的教师，考虑的是要培养素质全面发展的大学生，思考如何设计课程体系来满足学生成长成才的发展规律和市场需求；作为直接利益方的学生，则把"求职需要"摆在首位，其次才是满足自身的"求知诉求"，更多把课程学习作为一种"投资—收益"来看待；作为人才培养的终端，用人单位则希望能招聘到与岗位匹配的毕业生，通过学生的"求职需要"体现出来。实际上，作为学校管理部门，既要考虑专业评估等专业领域的考评机制的约束，又要考虑专业报考率、就业率等多项指标评价，还要考虑学生的个性化发展需要，以及国家和区域的发展战略规划，它是专业培养目标确定过程中众多利益相关者的复杂代表。尽管各专业培养目标确定的具体内容和制度设计可能因院校而异，确定培养目标的具体实施过程也会存在各自的差异，但是培养目标背后的改革逻辑应该是基本相同的。上述各利益相关者对于专业培养目标的价值诉求的矛盾，表面体现在利益谋求点与专业培养目标之间的达成度的差异，具

---

①参见向兴华、李国超、赵庆年：《高校人才培养目标定位绩效评价研究——以 HL 和 HK 两所大学为例》，《教育发展研究》2014 年第 13—14 期，第 23 页。

体反映在专业培养标准的规范、课程体系的设置和教学改革的实施上。

从价值论角度而言，华文教育本科专业人才培养目标的逻辑起点的确定及实现，要遵循客观教育规律，坚持"合规律性"与"合学科性"的辩证统一。华文教育本科专业人才培养不可能脱离学科规律、社会需求和学生发展等因素而独立存在。华文教育本科专业属于教育学类专业范畴，以传统教育学为基本内涵，依托语言教学，并与心理学、文化学等学科相融通。培养什么样的人，是人才培养目标的本质规定。本书以学科专业、学生发展、社会发展作为逻辑起点，考虑人才培养目标的文化属性、社会属性和人本属性的确定与实现。三者之间不存在主次关系，而是一种相互兼顾的辩证关系。在人才培养目标的确定过程中，因为各方利益的平衡或博弈，常常会出现偏差，不能较好地兼顾三者之间的关系。因此，循着该思路，从以下三个方面出发，厘清人才培养目标确定的内在逻辑。

（一）依据学科专业的逻辑起点确定培养目标的文化属性

华文教育本科专业是以教育为轴心和基点的，其专业培养目标的确定，首先必须符合教育学类专业培养的总体目标，遵循学科专业的一般规律。文化属性的直接体现就是"培养什么样的人"。教育学类专业主要以高等教育定位及特点为参考框架，以行业标准和社会需求为导向，培养在各级各类学校及管理机构胜任教育、教学、管理和研究工作的高级专门人才。[①]整体而言，教育学类专业符合社会对其培养目标的价值期待。华文教育由华文与教育两个词合而为一，其含义可以通过华文和教育两个方面体现出来。其人才培养既有高等教育的一般要求，也有华文教育的特殊要求。具体到华文教育专业，则是"能从事华文教学、学校教学管理、汉语应用等方面工作的应用型人才"。[②]

本科专业的人才培养目标是关于本科教育人才培养活动的一种预期。以学科专业的知识活动为手段，造就培养社会所需要的高层次专门人才。[③]我们

[①]教育部高等学校教学指导委员会：《普通高等学校本科专业类教学质量国家标准（上册）》，高等教育出版社2018年版，第69页。

[②]详见暨南大学2019级华文教育专业本科人才培养方案。

[③]别敦荣：《大学组织文化的内涵与建设路径》，《现代教育管理》2020年第1期，第1页。

培养的人才，必须基于长远眼光、世界眼光和现代眼光。华文教育本科专业是培养从事海外华文教学、管理的应用型人才，他们将是未来活跃在海外华文学校的一线教师，是汉语传播和文化传承的中坚力量之一。那么，站在世界眼光的层面，华文学校的办学经验、汉语国际教育的培养经验当可作借鉴与参考。因为都是培养不同来源的学生，培养的目标都是满足海外汉语教学师资的需求，所以制定有针对性的培养标准，具有可参考的价值与意义。从现代眼光出发，学习先进的和前沿的办学经验，掌握华文教育教学规律和方法，不断创新；现代教育理念和现代大学制度，都是人才培养目标学科专业逻辑确定的内容。因此，人才培养应以学科专业逻辑起点为指导，以国家"一带一路"倡议和中外文化交流为基本原则，以海外华文教师证书标准为导向，培养既具备汉语基础、文化历史和教育学的综合交叉知识，掌握教育科学和把中国语言文化和汉语作为第二语言教学必需的基础知识、基本理论、基本技能和方法，又能够在华文教育机构胜任教学、管理等工作的应用型人才。因此，学科专业逻辑起点的文化属性是前提条件。

（二）依据学生发展的逻辑起点确定培养目标的人本属性

探讨华文教育本科专业人才培养目标，应结合华文教育本科专业学生群体的特殊性、多样性等因素加以分析。在现实中，华文教育本科专业的复杂性，决定着专业培养目标既要考虑学生的职业发展，又不能局限于当下的知识掌握和眼前的就业，而应在培养目标的逻辑确认与实现过程中，把学生发展作为逻辑起点予以考虑，主要根据个人自身完善和发展的精神性需要来制定培养目标和建构教育活动。[①]

从人本属性的价值取向看，是倚重教师职业训练特性，还是强调汉语基础知识培养，是华文教育本科专业人才培养目标定位的重要前提。二者的分歧是培养目标逻辑确定的一条主线。根据对二者倚重的不同，可以将培养目标界定为教育取向的华文教育和知识培养的华文教育。教育取向的专业培养目标的着眼点在教育，即由教育价值的角度看待华文教育本科专业，追求一般教育学意义的功效和华文教师职业专业化适应取向，倾向于以教师专业化

[①]参见陈洪玲、于丽芬：《高校扩招后人才培养模式的理论与实践》，北京师范大学出版社2011年版，第116页。

训练为媒介，在培养目标中对培养对象做了具体要求，如"培养学生掌握华文教育的基本知识和专业技能""系统掌握教育学、教育心理学、第二语言教学的基本知识"，以及"以汉语为教学语言的学科教学的能力"。而知识培养取向的华文教育的着眼点在于知识培养，强调汉语基础知识培养的效果取向，即侧重于以汉语语言、中华文化等方面的专业能力训练为手段，重点在汉语基础知识和技能。在培养目标中对汉语语言的掌握程度提出了明确要求，"掌握汉语基础理论和基本知识，具备扎实的汉语言语能力"，从基础理论到能力运用都有具体说明。因此，强调教师专业化训练的价值取向，弱化专业基础课程，就会对华文教师师资培养的现实情况形成压力，即导致华文教育本科专业学生群体的知识能力差异性的不均衡；强调教师汉语基础知识培养，强化语言、文化等知识，弱化教师技能训练，就会使华文教育本科专业呈现一种"知识化"倾向。上述分析是基于人才培养价值取向，实则站在人才培养目标定位的角度，推及华文教育本科专业人才培养目标的定位，到底是满足华文教育专业本科生的生存需求还是长远的发展需求，是以汉语基础知识为主还是以教师职业技能为主，抑或二者保持一种"均势"。

厘清教师专业化训练和汉语基础知识培养之间的差异是科学定位该专业培养目标的重要前提，实则是对培养目标的理解与实施之间的冲突表征。强调教师专业化训练主要从教育实践中学习，丰富经验、增长知识；注重汉语基础知识培养则突出系统的汉语理论知识的掌握，并能应用于华文教学。从严格意义上讲，无论华文教育本科专业的人才培养落脚点在于"教师专业化训练"，还是"汉语知识培养"，其应用型人才的核心都是"用"。换言之，"用"的基础是掌握汉语基础知识和能力，"用"的对象是教师专业化训练素质，"用"的目的是讲授华文。由此可见，华文教育专业的人才培养目标应遵循学生发展这一人本属性，开始探寻一种趋向综合的华文教育专业人才培养目标主张，以学生知识、能力、素质结构为立足点，在人才培养上重点关注知识与能力培养，把其精髓融入培养标准中，完善课程体系与课程设置，保持汉语基础知识与教师职业技能的"均势"发展。

（三）依据社会发展的逻辑起点确定培养目标的社会属性

教育的社会关系规律，要求教育必然要与社会发展相适应，不能离开社会的发展定出自己的发展方向，因为人才培养结构必须主动与现代经济、社会的人才需求结构相适应。[①]在确定华文教育本科专业人才培养目标之前，必须做好外部社会环境的分析，这是人才培养目标的基础条件。人才培养模式的表层结构直接地与华文教育外部社会环境相接触，如国家政策、社会需求等对华文教育专业的影响，间接向系统的内部反映社会发展、学科专业对华文教育专业人才培养的要求。影响专业人才培养目标的外部社会环境包括社会与市场对华文教育本科专业的需求，这种需求往往和海外华文教育发展密切相关。开办专业的现实所需，精准的就业市场定位，是专业培养目标的社会需求因素的直接体现。暨南大学是全国最先开办华文教育本科专业的高校，2005年开始第一届招生到现在，最初每年招50人，到后面逐渐增加到100人、150人，2015年则增加到300人，累计已培养1000多名学生。招生人数的逐步增加，说明海外市场有着巨大的师资需求。综观华文教育本科专业人才培养目标的内涵，基本都是"社会本位"，立足新形势下侨务工作的新发展，满足海外华文教育的实际需要，培养符合海外学生居住国需要的华文教育师资和教育、教学管理人员。作为办学主体方的高校，依据时代要求和社会需求确定人才培养目标，不断深化专业认识，密切关注海外华文教育的发展趋势，积极回应市场需求，符合海外对华文教师、教学管理人才的急需以及国家向海外推广汉语、大力发展华文教育的战略需要，更好地服务于国家战略和海外人才需求，正是培养目标的社会属性的充分体现。

特殊的办学使命决定着培养目标的指向性，间接反映出人才培养目标客体与社会主体需要之间的密切关系。特定类型大学的培养目标受到特定大学文化底蕴、发展水平等因素制约，有针对性地培养特定类型人才。暨南大学、华侨大学是中央统战部下属的两所侨校[②]，都有为侨服务的传统。侨校[③]

[①]潘懋元、董立平：《关于高等学校分类、定位、特色发展的探讨》，《教育研究》2009年第2期，第33页。

[②]2018年之前归属国务院侨务办公室，因为机构调整，现已改由中央统战部管理。

[③]侨校坚持"面向海外，面向港澳台"的办学方针，肩负着为海外华侨华人和港澳台地区培养人才的使命。

的办学方针，肩负着为海外华侨华人和港澳台地区培养人才的光荣使命，其为侨服务的宗旨从大学设立之初到目前为止都没有动摇。人才培养目标定位与高校办学使命契合程度较高。专业人才培养目标都是从专业自身出发，结合学校人才培养目标这一纲领性指引，体现专业培养属性。具体到华文教育本科专业人才培养，也应有强烈的时代使命感，积极服务于发展海外华文教育的国家战略。作为大力发展海外华文教育的国家战略的重要举措，华文教育本科专业由中国政府提供学生全额奖学金，招生对象为海外华裔子弟，前提是他们愿意从事华文教育事业。作为培养海外华文师资队伍的主力军，专业自身有其特殊的社会政治属性，既是语言认同、语言教育认同与文化认同的结合，也是对中华优秀传统文化传承的现实需要。暨南大学作为国内首家开设华文教育专业的本科院校，在同领域内有着标杆、示范的作用，有必要也有义务对此做出回应。暨南大学华文教育本科专业根据海内外华文教育的实际需要，调整、制定更为科学、合理的培养目标，就是最直接的体现。

综上所述，合理的人才培养目标逻辑确定应与学科专业、学生发展、经济社会、高校办学传统和现实条件相适应，以确保和实现专业人才培养目标的文化属性、社会属性和人本属性。作为人才培养模式核心的培养目标，既受到表层结构的外部因素影响，又受到深层结构的人才培养规律的制约。深层结构和表层结构之间的稳定性与协调性，直接影响人才培养模式这一系统的功能和质量。[1]华文教育本科专业人才培养目标明确了具有师范特性的应用型人才培养定位，但是对于目标所要达到的标准，需要一些具体的、可列举的指标予以表达，并以一种可测量性的标准来真正反映准华文教师应具备的知识、能力和素质标准要求。对于目标的实现途径（课程设置、培养路径）等基本环节，构成了人才培养模式系统的载体与保障，这将在后续的内容分析中予以阐释。

---

①参见吴昊：《卓越医生人才培养模式改革对策研究》，吉林大学2018年博士学位论文，第63页。

第二节　华文教育本科专业人才培养目标的现实审思

华文教育本科专业为谁培养人、培养什么人，既是实践问题也是理论问题，既是教育问题也是政治问题、社会问题。专业培养目标既是教育活动的出发点和落脚点，也是由特定的社会领域及社会层次的需要而决定的，在人才培养过程中起着重要作用。没有培养目标，后续的教育实践活动就会迷失方向。华文教育本科专业人才培养目标与"为谁培养人"的认识之间存在着相辅相成的内在联系。培养目标对教育活动的发展方向起着导向作用，课程设置的开展与教学活动等培养路径的实施都受到培养目标的制约。培养目标是专业办学指导思想的具体体现，映射出不同群体对华文教育专业的认识，各自利益诉求的拓展也构成华文教育专业培养目标的内在隐形驱动力，进而在人才培养目标中得以体现。对华文教育专业本科人才培养目标确定过程中各利益相关者及其利益诉求的表达进行现实审思，不仅描述和解释了华文教育本科专业人才培养各利益相关者的多方矛盾冲突和利益要求问题，而且尝试解决人才培养目标确定的现实难题，亦是人才培养实践中的一种拓展。

研究华文教育本科专业人才培养，从学校内部来考察教师、学生、课程只是一方面，还需要观照学校与外部诸多因素的影响作用，也就是说要结合周边环境力量来考察人才培养目标与经济、社会发展之间的互动关系。阿什比（Eric Ashby）提出，顾客的要求、人力的需要和资助人的影响这三种环境力量影响着高等教育体系。[①]高等教育体系的某一具体专业的宏观的培养目标与微观的课程设置，都会直接或间接地受到这三种环境力量的影响。高等教育的利益相关者，是指对大学有一定"投入"的基础上，能从大学获得一定

[①]参见［英］阿什比著，滕大春、滕大生译：《科技发达时代的大学教育》，人民教育出版社1983年版，第139页。

利益并产生一定影响的各类主体（个人或群体）。[①]具体到华文教育本科专业，按照"一维分析法"[②]，主要包括华文教育专业本科学生（海外华侨华人学生的一部分）、高校行政管理部门（代表中国政府）、高校教师（华文教育专业的教师）、高校管理人员（代表着承办专业的学校）、海外华侨社团与海外华侨学校（海外华文教师需求的市场），以及校友、学生家长和专业团体等[③]。研究主要以不同群体的各自利益要求作为出发点，描述与探讨分析培养目标在人才培养过程中是否得以满足，挖掘其背后的关联，即其因何因素抑制了这些要求的实现。

一、学生：基于个人发展与就业驱动审思培养目标的差距

结合现代制度化高等教育的发端，高校作为生产、传播高深学问的场所，培养专业人才是其核心目的之一，但其本质是促进学生心智的成长，职业发展也是其目标之一，但绝不是最重要的或者首要目标。[④]华文教育首先是教育，其次才是华文教育，而其最终指向教师的培养。以价值需求理论为基础，可以把人才培养价值取向分为工具价值取向与本体价值取向。在知识的功用与取舍上，学生过于重视专业知识的传授，强调技能和职业生存道路，忽视自身可持续发展，以及创新能力、社会责任等方面的融通。在对"华文教育专业的学习对未来工作的帮助情况"的调查中，学生最关注的是"基础理论、专业知识与专业技能训练"等利益要求。关于华文教育专业学生应具备能力情况，汉语听说读写技能、课堂教学技能、与人交往的技能等是学生关注的重点。学生最希望获得专业技能提升，而像与人交往技能、团队合作

---

①胡赤弟、田玉梅：《高等教育利益相关者理论研究的几个问题》，《中国高教研究》2010年第6期，第16页。

②根据"与大学关系密切程度"这一利益相关者核心内涵进行分类。

③海外华侨华人学生、中国政府、暨南大学和华侨大学及华文教育专业教师、有着华文教师需求的东南亚地区（社会）等，都是华文教育专业的实际利益者，可作为华文教育专业本科人才培养确定型利益相关者。

④参见张世义：《利益相关者理论视角下的高校学前教育专业本科人才培养研究》，南京师范大学2014年博士学位论文，第83页。

与才艺等综合素质拓展，则并不被学生所重视。合理的人才培养目标既要强调学生基本理论知识的掌握，也要学会与他人合作共事，注重个性发展和健全人格。如果单纯以就业作为教育目的，大学就会沦为社会工具，变得现实而又功利，这将导致人才培养价值取向错位，进而影响教育内容，由丰富变成单一。①合理的专业培养目标要实现专业素质与素质养成并举。

　　职业观是人对职业价值、职业本质、职业理想的基本判断，是人们的世界观、人生观、价值观在职业意识上的根本体现。②作为利益相关者的学生，希望通过四年的专业学习，既能获得专业发展能力和技能，又能具有就业竞争力，被就业市场所认可，根据自己的就业意向选择合适的工作。"个体本位论"认为教育的主要价值在于满足受教育者个人发展需要，强调个人价值高于社会价值，重视个人的人生价值、开发潜能、促进个性发展。③根据笔者对华文教育本科专业942名本科生的问卷调查，学生选择学习华文教育专业的主要原因是"想做与汉语有关的工作"（29.4%）和"因为有奖学金"（22.5%）。然而"因为想当华文教师"的学生的比例并不高，只有14.6%。这跟华文教育本科专业人才培养初衷不太相符。经与任课教师和学生交流得知，这也与目前海外华文教育发展环境存在很大关系，目前最大的困难在于海外华文教师的待遇很低，无法吸引足够多的优秀人才，即使是培养出来的华文教育专业毕业生也会大量流失到其他薪酬丰厚的行业，教师流失严重。在专业选择上存在两种偏向，一方面是学校过分强调专业的国家需求，另一方面是学生过分关注专业的市场需求，都没有把学生兴趣作为重要因素予以考虑。④因为兴趣而直接选择华文教育专业学习的比例并不高，更多的是因为想做与汉语有关的工作和有奖学金的吸引力。当学生把就业核心竞争力的增强作为求学的"指挥棒"，而个人发展则被后置，进一步使华文教育专业本科人才培养模式偏离教育规律，在"知识掌握""技能培养"和"综合发展"之间举棋不定，而忽视学生成长成才的逻辑起点和应然之态。

---

　　①参见蒋亦华：《大学本科教育目标的审视与建构》，《教育研究》2013年第3期，第67页。

　　②涂宝军、张新科、丁三青：《大应用观与应用型人才培养:哲学意蕴、逻辑起点与实现路径》，《职业技术教育》2019年第13期，第25页。

　　③王平祥：《研究型大学本科教育人才培养目标研究》，华中科技大学2018年博士学位论文，第39页。

　　④参见钱颖一：《论大学本科教育改革》，《清华大学教育研究》2011年第1期，第8页。

华文教育本科专业以培养从事华文教育教学、管理、研究的应用型人才为突出特点，实际情况是学生选择基于就业的利益驱动作为人才培养最直接的因素。华文教育本科专业的毕业生，从目前的就业情况来看，大致上可以分为以下几类：第一类是在华文学校从事教学或者管理工作；第二类是在当地的一些大学从事跟华文或汉语教学相关的工作；[1]还有一类，自办华文补习机构。从上述的就业去向和毕业学生的表现来看，他们从事的工作直接或间接与华文教育相关。可见，目前这种培养方式具有一定成效。在"关于毕业后期望从事的工作岗位情况"的问卷调查中，选择"与华文有关的工作"被调查者占到45.2%，"一直是专职华文教师"或"在华文学校做兼职教师、教华文"的比例分别为11.6%、11.9%。选择做华文教师相关工作的比例偏高。但是，具体到2016级学生（毕业班学生），40%的被调查者选择从事与华文有关工作，但有22.5%的被调查者选择跟教育无关的工作，毕业后另有打算，不愿意从事华文教育的年轻人也存在一定比例，其中大多数是泰国籍学生[2]，其占比为11%。具体原因，值得进行华文教育专业本科人才培养院校的反思。华文教育专业学生由东南亚各国华人社团或华文教育机构推荐，毕业回国后从事华文教学教育工作，属于定向培养，培养目标明确。很多从事华文教育的学生出于一种契约精神。从就业角度来审思培养目标，结合个人发展的利益诉求，发现培养目标理想与实际存在差距。

二、学校：办学使命、社会需求与人才培养的分化与平衡

高校培养各类人才，一是，顺应学校办学使命的使然，实现人才培养的重要使命；二是，顺应社会发展需求，培养一大批满足社会需要的人才队伍。大学作为一个组织，其与企业的本质区别在于不以赢利为目的，是以产生和传播高深学问、培养人才、服务社会为其根本宗旨。[3]它的组织特性，决

---

[1]因为这些学生中有一部分后来去读了研究生，这使得他们有机会进入大学工作。

[2]泰国是华文教育本科专业最大的生源国，但是泰国的学生不需要签署回国服务华文教育协议。

[3]张世义：《利益相关者理论视角下的高校学前教育专业本科人才培养研究》，南京师范大学2014年博士学位论文，第29页。

定着高校人才培养目标的确定与实施，都应该由各不同群体参与。利益相关者治理有可能使得人们在人才培养的个体目标和社会目标、短期目标和长期目标中，最大程度地达成共识，保证人才培养目标是适切的，培养过程是合理的。①大学不属于单一个体或群体。大学是一种典型的利益相关者组织，大学的决策必须权衡和兼顾各方利益相关者的利益。②它确定专业人才培养目标，会涉及各方利益，重视社会发展和高校自身发展逻辑之间的协调，参考各利益相关者的建议，优化人才培养目标。作为学术领域的代表，高校首先培养的是具备基本知识、能力和素质的大学生。受功利主义思想影响，确立专业人才培养目标时，偏重与经济社会发展相契合，功利地将职业训练与学生发展本末倒置，以学生的就业适应为取向，忽视华文教师职业专业化发展规律，一定程度上会减弱准华文教师的专业发展。

学生本着以追求就业为导向的专业技能发展意图，学校坚持知识培养效率取向与职业专业化适应取向相并存的立场，各方利益诉求的分化间接反映出各自目标的冲突。在培养目标组织实施过程（如微观层面的课程设置）中，专业培养目标向课程教学目标转化不足。作为华文教育专业的办学主体，如何解决专业人才培养中教师职业性和汉语知识专业性的冲突等一系列难题，平衡各方的利益要求，处理多方利益要求的难题，以及做出合理的解释，这需要对人才培养目标进行分解，坚持人才培养的本真目标，学校应该有基本的界定。如暨南大学2015年新增学前儿童语言教育方向，为海外培养专门从事幼儿园汉语教学及幼儿园管理的人才；2019年将培养类型分为学科教学、学前儿童语言教学、语言教学三类。

顺应学校办学使命，专业人才培养目标定位需结合办学条件与办学传统。其中，办学条件是高校确立和落实人才培养目标定位的现实基础。③伴随学生、教师、学校和上级主管部门之间的关系变化，围绕专业培养目标的利益要求逐渐变得错综复杂，人才培养的现实需求和长远需求与本科专业人才

①参见张世义：《利益相关者理论视角下的高校学前教育专业本科人才培养研究》，南京师范大学2014年博士学位论文，第113页。

②李福华：《利益相关者理论与大学管理体制创新》，《教育研究》2007年第7期，第37页。

③向兴华、李国超、赵庆年：《高校人才培养目标定位绩效评价研究——以HL和HK两所大学为例》，《教育发展研究》2014年第13—14期，第29页。

就业取向的达成，学校的办学使命和办学方针与国家战略部署的匹配，在这样的大背景下，作为专业培养的组织者、协调者的高校管理层，不得不对此做出回应，了解并平衡不同利益相关者的利益要求，关注专业培养目标定位是否合理，更多考虑的是高等教育和学生发展的规律。华文教育专业的生源多为海外华人社团推荐，生源质量参差不齐，没有保障。由于各国华文教育发展程度并不均衡，学生个体汉语程度各异，怎样在不降低培养质量的前提下做到分类培养、因材施教，是华文教育专业长期面对的一个难题。确定培养目标，才能在机制上较好地解决学生程度不一的问题，设计合理的课程体系，满足海外对于华文教育人才的精细化、专门化的需求，并解决后续的课程设置等相关问题。上述一系列利益要求，在与华文教育本科专业的教学管理人员的访谈中，高校管理者最为关注的是培养目标的规划管理。

学校层面管理部门，注重华文教育专业的特殊性，精准施策，不能用通用的方法一刀切，因为华文教育本科专业只是一个专业，但是却包含了师范教育的全部，和国内的师范大学的性质和作用等同，但是难度更大。由于来自全世界不同国家的留学生，有着不同文化、不同水平、不同要求等，如果只是单一要求规定培养方向，则开展教育教学工作只能缩手缩脚，难以施展。比如，专业方向方面，既有学前教育、小学教育、中学教育，也有中文教育，还有历史、地理、文化等学科教育，一个专业是无法包揽这么多的方向的。如果一定要在培养目标之中涵盖，只能模糊处理，体现不出科学性和实用性。朝着精细化方面发展，又往往受制于统一化的制约。因此，面对学生汉语水平的差异，培养侧重点应有所不同，以便让不同发展定位的学生能够获得相应的指导和训练，培养目标有所差异。初级汉语水平人才培养方案的定位，主要是为学生就业做准备，多设置语言教学课程，培养目标是具有较强汉语应用能力，熟悉中国文化，能从事华文教学、汉语应用等方面工作的应用型人才。培养目标偏向儿童语言教育方向的，主要招收中级汉语阶段的学生，培养具有一定艺术专长，语言能力强，能胜任小学及幼儿园华文教学、课程研发和教育管理工作的专门人才，侧重于教育教学技能的培养。培养目标定位于培养能够熟练运用汉语作为教学语言、从事人文类（中文、历史、地理、文学、文化等）课程教学及教育管理工作的优秀人才，以学科教育为方向，主要面向高级汉语阶段的学生，可以提供一些供学生自主选择的课程或项目。培养目标定位的差异，要求在最大程度上平衡办学使命、社会需求与人才培养特色，实现三者的结合。

三、政府：国家语言战略需要与监管职责履行的结合

教育的目的是促使个体社会化并为社会服务。"国之交在于民相亲，民相亲在于心相通。"民心相通是"一带一路"倡议的社会根基，是中华文化走向世界的社会基础。党的十九大报告提出"构建人类命运共同体……要尊重世界文明多样性、以文明交流超越文明隔阂、文明互鉴超越文明冲突、文明共存超越文明优越"，指出"推动中华优秀传统文化创造性转化、创新性发展"。我国非常重视文化软实力建设，强调加强国际文化教育交流，提升中华文化国际影响力。语言的命运就是文化的命运，更表征着一个民族的命运。语言教育本身是一种文化和价值观的教育，通过系统学校教育学习语言，形成文化传承的基本机制。在国际政治经济交流日益频繁的全球化时代，通过语言的国际推广提升国家文化软实力已经成为世界各国的国家战略。[1]文化软实力的竞争日渐激烈。一些国家将本国语言推广作为国家战略，提高本国语言的国际地位。[2]华文教育是中国文化"走出去"的重要举措，支持海外侨胞积极开展中外文化交流，有利于增进海外侨胞对中华文化的认同，弘扬中华民族优秀文化，维系和发展与祖（籍）国的联系和交往。[3]

从国家利益的角度来看，华文教育的推广，有利于增强国家凝聚力，传播中华文化，强化海外华侨华人对中华民族的认同，积极服务于"一带一路"倡议。为促进文化交流，弘扬中华民族优秀文化，面向海外招收海外青

---

①郑新民、杨春红：《澳大利亚语言教育政策发展历程中的特征与趋势分析》，《高教探索》2015年第2期，第58页。

②参见包文英：《试论汉语国际教育中的公共外交意识》，《华东师范大学学报（哲学社会科学版）》2011年第6期，第101页。

③参见陈鹏勇、项健：《侨务公共外交视阈下华文教育发展策略》，《高教探索》2014年第1期，第151页。

年学习华文教育本科专业，毕业后他们返回居住国从事华文教学及管理工作。正是由于国家推行华文教育培养华文教师，成为他们融入当地的有效途径。他们未来将从事汉语传播、文化交流工作，进一步促使华文教师培养日益走向本土化。为谁培养人，培养什么样的人，宏观层面上受到国家的文化传统、政治社会等因素制约。让华文教育本科专业学生在中国学习华文教育，根植中华文化，用汉语了解中国社会和文化，同时在他们毕业返回居住国后，又能用汉语向其同胞讲述我们的"故事"。暨南大学、华侨大学招收的华文教育专业学生特别注重两点：首先，学生对华文教育要有热情，对华文要有感情；其次，学生要有一定的华文基础，如受过比较正规的中小学教育，满足相应的录取条件。华文教育本科专业是"引进来"海外侨胞学习中华文化的重要载体，它对发挥我国作为海外华文教师祖（籍）国培养基地的作用，增强国家文化软实力，引导海外华文师资培养走向专业化和规范化，具有显著的现实意义。

行政权力[1]是影响高校本科人才培养最重要的权力主体。行政权力主导下最直接的体现是政府管理大学模式，存在着管理与被管理的关系。处于行政权力支配地位的政府部门，是高等教育管理的主管部门，在华文教育专业人才培养计划审批、招生生源的录取、华文教师质量评估等方面发挥着重要作用，也是重要的利益相关者之一。政府部门这只"宏观调控的手"，处于强势地位，关联着人才培养的经费、资源和政策等各种利益。国务院侨务办公室和华文教育基金会提供全额奖学金，面向海外资助有志于从事华文教育、年龄在35周岁以下的华侨华人攻读华文教育本科专业。随着专业办学水平的不断提升，国家逐年增加奖学金资助名额，暨南大学从2005年每年50个名额，增加到2010年每年100个，再从2013年每年150个，增加到2015的每年300个名额，人均资助金额约2万元。由于各国情况差异性大，生源质量良莠不齐，随着招生规模的不断扩大，入学新生质量呈下降趋势，华文师资培养"得了数量失了质量"。就读华文教育本科专业申请人由各国华人社团推荐，经中国驻当地使领馆审核后报国务院侨务办公室审批录取。华文教育专业具

---

①此处的行政权力是根据本科人才培养过程中的权力主体划分，而从权力来源来说，政府部门掌握着资源型权力和决策性权力等。

有较强的定向培养特性，重点面向东南亚华人社会培养当地华文师资。潘懋元先生认为，"高等教育举办者、管理者和办学者三位一体，集中于主管部门，模糊了行政职能和管理职能之间的界限，导致大学主管部门角色不明"[①]。有意无意地让高校这只人才培养实施工作的"执行之手"，面对差异明显的生源，被迫寻找出路，从汉语水平的差异性中寻找不同培养的侧重点，实现不同类型的培养目标定位的结合。

学校与上级行政主管部门在华文教育本科专业人才培养中的作用，面临的冲突是必然存在的。主要是学校更重视的是华文教学的未来发展和学科自身的规律，而上级行政主管部门更强调当下需求与国家布局。但是，这种矛盾也是华文教育本科专业自身复杂性质的表现，矛盾是表象上的，内在方面双方是一致的。因此，上级行政部门应通盘布局，设置不同学历层次的华文教育专业，根据不同高校特点进行布局。

通过市场机制向高校传递各种需求信息，如市场需求这一途径[②]。就业的市场导向性、用人单位等外部力量都是确定专业人才培养目标的重要影响因素。暨南大学华文教育专业已招收并培养了12届共1350名学生，生源覆盖亚洲、南美洲、北美洲、欧洲、非洲等五大洲的23个国家和地区，培养了大批合格的毕业生。华文教育专业学生享受中国政府全额奖学金资助，由海外华人社团和中国驻外使领馆推荐，毕业后应回所在国从事一定年限的华文教育工作。华文教育本科专业对市场机制这一重要利益相关者没有太强的资源依赖性，因此，市场机制不作为本书研究的范畴。

综上所述，华文教育本科专业的不同群体之间在根本利益未取得一致的前提下，既有外部的社会环境因素，也有内在教育价值观念及其价值取向选择等影响。由于各自立场、视角的不一，存在一定程度的冲突，进而导致对人才培养目标的理论认识和实践操作的不同。华文教育本科专业自身的特殊性对应着不同的培养目标价值取向，如何从衡量人才培养目标、过程和结果出发，分析是否符合学生、学校、国家、就业市场等多个主体的利益要求，也是对人才培养模式的一种思考。

---

① 参见潘懋元：《多学科观点的高等教育研究》，上海教育出版社2001年版，第327页。
② 参见尹晓敏：《利益相关者参与逻辑下的大学治理研究》，浙江大学出版社2010年版，第80页。

第四章 华文教育本科专业
人才培养标准的探究

　　培养标准是对毕业生知识、能力和素质要求的细化描述，都是各专业从自身人才培养目标出发来定的，是人才培养模式这一系统培养过程的中介，联结着培养目标与课程设置。培养标准是对培养过程的调控、规范、导向的更加具体化，以及后续课程设置可操作性的指引，是对培养目标的进一步细化和具体化，体现出培养对象的知识、能力和素质方面的主要特征。[①]从核心素养出发，其具体细化的素养指标落实到知识、能力和素质的协调发展，是人才培养模式实践的具体化，体现"全人"培养的教育理念。

　　从整体上来说，人才培养模式的目标是培养全面发展的人。结合各流派理论来看，存在主义认为"教育的目的就是使每个人都认识到自己的存在，并形成一套不同于他人的独特的生活方式"[②]。要素主义则认为"从教育目的的宏观方面讲，教育就是传递人类文化遗产的要素或核心；从教育目的的微观方面讲，教育就是帮助个人实现理智和道德的训练"[③]。改造主义则认为"教育的主要目的是推动社会的变化，设计并实现理想的社会"[④]。无论其教育目的基于何种立场，落实到具体的人才培养模式改革实践中，则是对宏观层面专业培养目标、中观层面的课程体系和微观层面的课堂教学的进一步深化。这需要更多从人本主义出发，从知识本位转变为学生本位，能根据学生的基础和兴趣进行合理引导、精准定位，强调学生个性化全面发展，分层次开展教学活动，并把上述要求内化到培养标准的构建之中。在上述内容分析中，第三章已确定华文教育专业应该培养什么样的人才。即培养目标是从事华文教学与研究、管理的应用型人才等。那么，培养的华文教育专业的毕业生具体应该掌握什么知识、能力，具备什么素质，即华文教育本科专业人才培养标准的内涵，将从专业知识与理解、专业能力与应用、专业素质与职责等方面出发展开研究，作为人才培养成效的评价反馈的间接体现，是本章节关注的重点。

---

　　①参见孟祥敏：《会展经济与管理专业建设的思考：基于浙江万里学院的探索与研究》，冶金工业出版社2018年版，第29页。

　　②陆有铨：《躁动的百年——20世纪的教育历程》，山东教育出版社1997年版，第128页。

　　③陆有铨：《躁动的百年——20世纪的教育历程》，山东教育出版社1997年版，第56页。

　　④陆有铨：《躁动的百年——20世纪的教育历程》，山东教育出版社1997年版，第41页。

第一节　低头看自己：华文教育本科
专业人才培养标准"缺失"

在已有相关研究中，关于华文教师应具备的素质的研究相对较少。在文献检索的过程中，关于国际汉语教师、对外汉语教师的素质，学界开展了诸多讨论与研究，成果丰富。华文教师相关标准，主要有国际汉语教师标准、华文教师证书标准等。具体到华文教育本科专业，则有培养要求（即"毕业要求"），而从知识、能力和素质出发的专业培养标准，目前是"缺失"的。在与华文教育本科专业教师访谈中，其反馈主要集中在汉语教学能力、汉语应用能力、中华才艺，以及责任心、使命感与奉献精神是胜任华文教师工作的重要素质和能力。部分教师提出目前的汉语水平已很成熟，但是培养标准中文化素养标准较少提及或没有单列；对于教学技能培养，虽然有华文教育专业教师技能训练方案，但是对于应该达到的能力和素质却没有建立一套可量化、可评价的内涵指标体系。

培养目标与培养标准的关联度有待提高，人才培养标准是培养目标的具体化，是沟通培养目标与培养实践的桥梁和纽带。标准与目标本应相互对应、高度关联，然而笔者通过内容分析发现普遍存在标准与目标关联度不高的问题。标准缺失会导致事物的发展无据可依，缺乏参照性，无章可循。如果没有一个明确的培养标准指引华文教育本科专业人才培养，在培养标准与资格认证标准、专业文化与实践价值导向等方面存在明显的脱节现象，那么我们培养的学生仅仅停留在知识掌握与技能培养的表象上，这将极大地限制学生的综合发展，影响准华文教师的培养，以及对后续培养成效的具体评价、评估与反馈。

培养目标是人才培养的指南针。具体到"人"的培养，则关系到培养标准，应该是"培养什么样的人"的具体特征，实质上确定了培养目标的实现途径和方法。在开展培养标准的分析之前，需要厘清培养标准与培养规格、培养要求之间的区别。培养规格是学校对所培养的人才质量标准的规定，即受教育者应达到的综合素质。①明确培养基本学制年限，学生达到专业培养方案规定的课程、学分要求和综合素质。培养要求是对人才培养结果与产出的价值评价，通过一系列标准来衡量一定阶段或批次学生的培养成效。

表4-1 暨南大学华文教育本科专业毕业要求

序号	具体要求
1	掌握汉语言文化的基本理论、基本知识，具备良好的汉语言文化素养
2	具有良好的汉语口语和书面语表达能力以及跨文化交际能力
3	掌握教育学科的基本理论、基础知识，了解教育发展史、华文教育史
4	对中华传统文化有较为深刻的认识，熟悉当代中国国情
5	具备运用教育学、心理学基本原理和现代教育技术从事华文教学和教育管理工作的能力，具有良好的团队合作能力
6	掌握必备的研究方法，具有创新能力和国际视野，具备一定的华文教育及汉语研究的能力，具有终身学习意识和自我管理、自主学习能力

资料来源：根据暨南大学2019级华文教育专业本科人才培养方案（外招生）整理。

从上述内容可以看出，培养规格更强调一般的基本质量要求，即《高等教育法》明确规定必须达到的一般要求；毕业要求关注具体的人才合格标准，是为适应社会对华文教育本科专业人才需求而提出的具体要求。

"培养什么人，怎样培养人"是培养标准的重要指引，依据人才培养规格维度和水平以及人才培养质量是否满足经济社会发展的需求等要素，通过具

①参见王进鑫：《适应知识经济挑战，变革高校人才培养规格》，《中国高教研究》2001年第3期，第71页。

第四章　华文教育本科专业人才培养标准的探究

体可量化的标准规制本科教学各环节。[①]可见，培养标准的知识、能力和素质内容，是对培养要求的进一步细化，具有可测量性。它是评价教育过程是否达标的基本要求，具体评价标准会围绕本科教育人才培养目标来设计。[②]培养标准的构建，既是推动华文教育本科专业发展的内生力量，同时也是华文教育本科专业人才培养目标细化的内在依据。

第二节　抬头四处看：华文教育本科专业人才培养标准比较分析

　　培养标准的构建，不但要"低头看自己"，立足自身的实际情况，更要"抬头四处看"，了解和掌握有关汉语教学师资的培养标准，借鉴华文教育本科专业所属的教育学类教学质量国家标准（简称"国标"）、国际汉语教师标准（2012年）和海外华文教师证书标准[③]的经验，结合华文教育本科专业的实情加以合理利用。接下来，本节将从以下三个标准出发，开展比较分析与探讨。

一、教育学类教学质量国家标准的实施及其启示

　　专业类"国标"是本科专业建设的规范性指导，对各高校制定相关专业

---

　　①参见廖春华等：《本科人才培养质量标准研制路径探析——基于PDCA循环理论的视角》，《教育发展研究》2014年第21期，第24页。
　　②参见王平祥：《研究型大学本科教育人才培养目标研究》，华中科技大学2018年博士学位论文，第50页。
　　③该标准由中国海外华文教师证书评定委员会制定,报中国国家海外华文教育联席会议批准。海外华文教师等级证书标准分为三等，分别为：初级证书标准、中级证书标准、高级证书标准。

131

的培养目标提出原则要求。"国标"更大程度上作为一种培养标准，评价教育"生产过程"是否达标。[①]结合专业类"国标"分析华文教育专业本科人才培养标准，既要满足基本要求，保证基本质量，也要为人才培养特色发展留出足够的拓展空间，提出前瞻性要求，是培养标准的"兜底"。

（一）主要内容

华文教育本科专业（专业代码：040109T）属于教育学类。教育学类专业是以教育科学为共同知识基础，以培养具有较高理论素养和实践能力的教育专业人才为目标的专业集群。教育学类专业具有多学科[②]基础上的综合交叉、理论与实践相结合的基本特征，要求学生掌握教育科学及相关领域的基础知识、基本理论、基本方法，要求教学有助于学生科学地认识教育活动的本质，树立现代教育观念，形成教育专业能力和技能，胜任未来教育工作。教育学类专业在我国高等教育以及国家建设和社会发展中占有重要地位，承担着为教育行政部门、各级各类学校、文化教育机构等培养所需的教育管理、教学研究、文化传播、教育创意等高级专门人才的使命。[③]因此，从上述内容中，可以看出在专业类"国标"中已明确规定了培养规格和基本要求。

1. 培养规格

基本学制为4年。学生达到各专业培养方案规定的课程及学分要求，符合相关规定，考核合格，准予毕业。可授予教育学学士或相关学士学位。总学分为140—160学分。

---

① 参见陈先哲：《"国标"是本科人才培养改革风向标》，《中国教育报》2016年11月1日，第2版。
② 教育学类专业的相关领域包括心理学、生理学、哲学、信息科学与技术、社会学、管理学等。
③ 教育部高等学校教学指导委员会：《普通高等学校本科专业类教学质量国家标准（上册）》，高等教育出版社2018年版，第69—70页。

2. 人才培养基本要求（见表4-2）

表4-2 教育学类专业人才培养基本要求

思想道德方面	具有良好的道德品质，树立正确的世界观、人生观和价值观，爱国、守法、诚信、友善，热爱教育事业，关心爱护学生，具备良好的团队协作精神
专业素养方面	系统掌握教育科学及相关领域的基础知识、基本理论和基本技能
	系统掌握教育研究的基本方法，具有发现、分析和解决教育问题的能力，具有批判性和创造性思维，具有创新创业意识
	形成教育学各专业所需的创新精神和创业实践能力，培养多学科融合型人才
	具有良好的信息素养，较为熟练地把现代信息技术应用于教育教学
	熟悉我国各级各类教育政策和法规
	具有自主学习、终身学习和自我发展的意识与能力
	具有国际视野，基本掌握1门外语，能较为熟练地使用外文资料，初步运用外语进行交流
身心素质方面	掌握人的心理活动和体育运动的一般知识与基本方法，养成健康的生活方式，达到《国家学生体质健康标准》的要求，具有良好的心理素质和积极的人生态度

资料来源：根据普通高等学校本科专业类教学质量国家标准整理。

教育学专业类"国标"的这些规定和人才培养的过程要求，构成了华文教育本科专业培养目标的内部要件。其中的"德"主要从思想道德品质、职业信念和伦理三个层面来讲，"素养"主要对应知识和能力两个层面的要求。具体来说，知识的要求不仅包括教育科学及相关领域的基础知识、基本理论，还包括其他学科的基础知识，要能够培养多学科融合型人才，需要合理的整体性知识结构作为支撑；能力的要求则更多体现在形成教育学各专业所需的创新精神和创业实践能力等方面，在于应用型人才培养的打造。外在形式上则表征为教育行政部门、各级各类学校、文化教育机构等培养所需的教育管理、教学研究、文化传播、教育创意等高级专门人才。这也是华文教育专业本科人才培养对于"培养什么样的人、为谁培养人"这一问题的具体回答。

（二）实施经验及启示

教育学类教学质量国家标准内容（教育学类"国标"），针对教育学类人才培养的最低标准要求制定。本科专业类教学质量国家标准尚属首次，为本科人才培养与评价，以及各专业制定培养目标和毕业要求提供了重要依据。总体来看，教育学类"国标"提出的人才培养基本要求，描述较为空泛，缺乏层次性。作为一名准教师，必须具备知识、能力和素质的培养，这都没有予以明确。如教学组织和课堂管理、教学方法的掌握等基本技能。教育学类"国标"人才培养规格的笼统与虚化，一定程度上弱化了华文教育本科专业培养目标的可操作性，进而影响到培养目标的贯彻落实。

"国标"的宏观指导意义，体现了学科发展方向和专业定位的要求，成为华文教育本科专业人才培养目标的基本导向，也是专业培养标准的核心，更是制订人才培养方案的参照标准。这要求专业培养标准从人才培养目标出发，要符合"国标"宏观指导的基本定性。依据人才培养规格和对人才培养质量是否满足经济社会发展的需求等要素，专业"国标"关注专业整体、学生个体的教学目标完成情况。①华文教育专业本科人才培养标准，除需考虑应达到教育学类"国标"的最低要求之外，还需考虑自身实际情况，结合社会发展、学生需求等因素，制定符合学校办学特色和办学条件的专业培养标准，构建彰显专业人才培养特色的"校标"。

二、国际汉语教师标准的实施及其启发

国际汉语教师标准是为满足世界各地日益增长的汉语学习需求，培养、培训一大批合格的汉语教师而制定，为能力评价、资格认证提供参考依据。为适应国际汉语教学的实际需要，提高国际汉语教师的能力和水平，国际汉语教师标准（2012年）描述国际汉语教师所具备的知识和素质，以及掌握的能力要求。国际汉语教师主要选择在欧美、东南亚等地区从事汉语教学工作。华文教育专业主要为海外培养一支高素质、专业化的华文师资队伍，大

①参见陈先哲：《"国标"是本科人才培养改革风向标》，《中国教育报》2016年11月1日，第2版。

部分学生毕业后选择从事华文教学工作。二者都是教汉语，但是二者的选拔、培养方式不同。但在培养标准构建方面，国际汉语教师标准可为华文教育本科专业人才培养提供借鉴与启发。

（一）主要内容

国际汉语教师标准（2012年）由孔子学院总部于2012年12月发布，主要包括5大标准，21项次标准，详见表4-3。

表4-3 国际汉语教师标准（2012年）

标准	次标准
汉语教学标准	具备汉语交际能力
	具备基本的汉语语言学知识和语言分析能力
	了解第二语言学习基本原理
	熟悉第二语言教学基本原则与方法
汉语教学方法	掌握汉语教学的基本原则与方法
	掌握汉语语音、词汇、语法和汉字教学的基本原则、方法与技巧，了解对汉外语言主要异同，并能进行有针对性的教学
	掌握汉语听、说、读、写教学的特点、目标、原则与方法，进行有效教学
	了解现代教育技术，并能应用于教学
教学组织与课堂管理	熟悉汉语教学标准和大纲，并能进行合理的教学设计
	能根据教学需要选择、加工和利用教材与其他教学资源
	能设计课堂教学的任务与活动
	能进行有效的课堂管理
	能有效地组织课外活动
	了解测试与评估的基本知识，能对学习者进行有效的测试与评估
中华文化与跨文化交际	了解中华文化基本知识，具备文化阐释和传播的基本能力
	了解中国基本国情，能客观、准确地介绍中国
	具有跨文化意识
	具有跨文化交际能力
职业道德与专业发展	具备教师职业道德
	具备良好的心理素质
	具备教育研究能力和专业发展意识

资料来源：根据国际汉语教师标准整理。

（二）实施经验及启发

从该标准的修订中发现，其突出了汉语教学方法、教学组织与课堂管理、中华文化与跨文化交际三项基本技能，更加注重学科基础、专业意识和职业修养，增强实用性、操作性和有效性。[①]华文教育专业本科毕业生，大都选择回到所在国的学校从事华文教学工作[②]。国际汉语教师选择在国内外从事汉语教学工作，为海外输送汉语教学人才。华文教育本科专业主要面向海外华侨华人等汉语学习者；国际汉语教师则面向把汉语作为母语的学生。二者的共性在于其教学内容都是汉语，从事汉语教学相关工作。但有关汉语教学方法、课堂管理实施、中华文化传播等方面的知识与能力各有侧重。

以国际汉语教师标准为参照，构建华文教育专业本科人才培养标准，既可以突出华文教育的特色，又能体现自身的知识、能力和素质结构。知识、能力和素质结构决定教育教学内容和课程体系的综合化、结构化和灵活性。[③]华文教育专业学生应具备语言知识、文化知识、第二语言教学知识、专业知识等，以及教育教学技能。道德素质要求华文教育执业者应具备教师职业道德，对职业价值有清楚的认知；具备良好的心理素质、积极的心态以及团队合作精神；具有华文教育领域的研究能力和职业发展规划。[④]华文教育本科专业人才培养标准不仅能从国际汉语教师标准中借鉴，也能从素质结构出发强化华文教学技能，掌握相关中华才艺。

[①]参见邵滨、邵辉：《新旧〈国际汉语教师标准〉对比分析》，《云南师范大学学报（对外汉语教学与研究版）》2013年第3期，第32页。

[②]经查阅暨南大学华文教育专业2014—2016届三届毕业学生的就业情况调查统计结果，华文教育专业毕业生就业后从事华文教育工作的人数为81人，学生大都选择回到所在国华文学校进行教学；从事其他行业的人数为32人，体现华文教育专业的培养适用性高，学生就业方向与专业相符度高。

[③]参见潘宝秀：《越中普通高校体育教育专业本科人才培养模式比较研究》，南京师范大学2018年博士学位论文，第10页。

[④]参见侯颖：《从修订版〈国际汉语教师标准〉看华文教师教育》，《学理论》2016年第10期，第201页。

三、华文教师证书标准的实践及其启迪

（一）实施背景

《华文教师证书》[1]主要面向在海外从事华文教育工作的教师及管理人员颁授，基于华文教育有别于一般的汉语作为外语或第二语言教学的理论，服务于华文教育。《华文教师证书》是华文教学工作者的职业能力认证证书，是华文教育实现专业化、规范化、科学化的重要依据。它有别于一般的第二语言教师能力认证，也不完全等同于一般的国际汉语教师职业能力认证。[2]

推行《华文教师证书》，目的在于促进华文教师素质及教学水平的提高。华文教师职业能力认证方案为《华文教师证书》的公布施行做出了总体设计。主体内容包括《华文教师标准》《〈华文教师证书〉实施细则》《华文教师测评大纲》《〈华文教师证书〉考试与考查方案》和《华文教师培训方案》5项内容。《华文教师标准》是纲领性文件，原则上界定华文教师的知识、能力、素质条件；《〈华文教师证书〉实施细则》是华文教师证书颁行的程序性文件，为工作指引；《华文教师测评大纲》则是实现《华文教师标准》的专业性大纲，用来指导华文教师培训和证书考试。

（二）主要内容及测评依据

首先需要基于《华文教师标准》的阐释，进而结合《华文教师测评大纲》剖析《华文教师证书》的内涵。

华文教育是指对海外华侨华人子女进行的中华民族的语言文化教育，华文教育的教学、管理从业者为华文教师。随着海外华文教育事业的发展，华文教师教育素质及教学水平急需提高，为此国务院侨务办公室委托暨南大学制定《华文教师标准》[3]，采用条款式行文。本节主要针对20条标准，按照知识、能力、素质进行归类，详见表4-4。从表4-4中可以看出，《华文教师标准》对华文教师的知识、能力、素质提出原则性要求，是作为一位合格的

---

[1]国务院侨务办公室组织推行华文教师证书，该项目由国务院侨务办公室委托暨南大学《华文教师证书》项目组研发。主要依据汉语教学相关标准及海外华文教育的实际状况与特点制定，凡在中国及中国以外的其他国家从事华文教学的教师均适用于该办法。

[2]《〈华文教师证书〉等级标准研制顺利结项》，http://www.hwjyw.com/info/content/2013/12/24/29687.shtml，2013年12月24日。

[3]《华文教师标准》已报中央统战部批准出版中。

华文教师应具备的条件，也是华文教师职业生涯发展的基础，开展教育、教学活动的基本规范指引，更是引领华文教师职业能力发展的基本准则。它强调华文教师应既具备汉语知识与能力，掌握汉语语音、词汇、语法、修辞和汉字的基本知识，又具备汉语教学专业素养，掌握汉语教学和中华文化的基本知识，具备实际的教学能力。

表4-4　华文教师标准

条目	内容	归类
第一条	热爱华文教育事业，热爱华文教师职业	素质
第二条	具备从事华文教育工作的职业操守	素质
第三条	具备华文听、说、读、写、译等综合语言能力，普通话达到华文教师从业水平	能力
第四条	掌握华文语音、词汇、语法、修辞和汉字的基本知识，并能运用于教学实践；具有一定的古代汉语修养	知识、能力
第五条	至少掌握一门华文教学媒介语，并能熟练运用	能力
第六条	掌握教育学基础知识和基本原理，理解教育的本质和主要教育思想；理解华文教育的本质和基本原理	知识
第七条	了解心理学的基本原理，掌握学习心理特点和学习能力发展的基本规律	知识
第八条	熟悉华文教学的主要模式，能合理制订教学计划，利用各种教学资源设计教学过程	能力
第九条	了解课堂教学的特点与规律，了解华文课堂主要教学环节的内容与方法，具备良好的课堂管理能力	能力
第十条	能有效地实施教学，具备调控教学过程，营造学习氛围，激发学生学习兴趣的能力	能力
第十一条	对华文教学法体系有清楚的了解，掌握常用的语言要素教学以及言语技能训练的具体方法	知识
第十二条	掌握实用的现代教育技术，能在华文教学中适当应用现代教育科技和信息技术	能力
第十三条	掌握常用的教育测评方法，能客观、全面地评价学生的学习表现及教育、教学效果	能力
第十四条	具备较好的中华文化素养，了解中国历史、哲学、文学、民俗、地理、民族的基本知识	素质、知识

（续表）

条目	内容	归类
第十五条	了解当代中国社会政治、经济、文化的基本面貌	知识
第十六条	熟悉中华文化与所在国文化的差异，具有一定的跨文化交际的能力，能在华文教学中尊重他人文化，并能妥善处理文化差异	能力
第十七条	具有一定的中华文化才艺展示能力，能恰当地运用于华文教学	能力
第十八条	关心、爱护、尊重学生，关注学生个体差异，做到因材施教	素质
第十九条	具有良好的亲和力和沟通能力。能平等地与学生进行沟通交流；能与同事合作，分享教学经验和资源；能与家长有效沟通，共同促进学生成长与发展	能力
第二十条	具有一定的教学研究能力和专业发展意识	能力

资料来源：根据《华文教师标准》整理。

《华文教师测评大纲》（以下简称"《大纲》"）依据《华文教师标准》和《〈华文教师证书〉颁行细则》制定，是评价华文教师知识、能力、素质的指标体系，分为初级、中级和高级三个等级。《大纲》分为汉语知识与能力、汉语教学知识与能力[1]和中华文化知识与技能三大部分。汉语知识与能力，分设汉语知识与运用和汉语能力两项。汉语知识主要包括现代汉语语音、词汇、语法知识、汉字知识，中、高级增加修辞知识，高级包括适当的古汉语知识。汉语能力主要针对华文教师职业要求，从听力理解、口头表达、阅读理解、书面表达四个方面进行测评。汉语教学知识与能力，分汉语教学基础知识（含教育学、教育心理学、第二语言习得的基础知识）、汉语教学法、汉语课堂教学、汉语教材、汉语教学测评、汉语教育技术等六项内容。中华文化知识与技能分设中华文化知识与传播、中华才艺两项。其中，第一项主要有中华文化特点、中国历史、中国古代哲学与宗教、中国文学、中国民俗、中国国情等方面的基础知识，第二项中华才艺包括中国美术、书法、手工、音乐、武术等内容。

从测评大纲的指导性意见出发，笔者发现，华文教师证书标准将汉语知

---

[1]汉语知识与能力、汉语教学知识与能力分初级、中级、高级设定测评分项内容。

识与能力、汉语教学知识与能力、中华文化知识与技能的界定当作完善华文教师标准的依据和满足海外华文师资专业化发展的需要。由于证书授予对象的特殊性，其职业能力认证在测评指标体系的设计上，强调受测者更清楚地了解族裔语言文化教育的规律，具有针对华裔教授华文、传播中华文化的素养和能力。[①]从族裔语言文化传承的角度切入，既强调对汉语基本知识的掌握和运用，具备听、说、读、写、译能力，以及掌握海外华文教学及华文学习的基本理论和原则，熟悉华文教材编写和华文教学测试与评价，并能应用于课堂教学之中，以及熟悉中国文化特点、中国历史和中国当代国情，了解中国文学、中国民俗等基本知识，掌握一定中华才艺，并能将其恰当地运用到华文教育教学活动中。

（三）实践经验及启迪

海外华文教育要向标准化、正规化、专业化发展，师资的专业化是关键因素之一。华文教师证书考试，为即将成为教师或希望继续教师事业的教师设立了门槛和标准，是保证华文教育质量的一道屏障。[②]华文教师证书作为华文教学的从业技术标准，强调教师清楚地了解族裔语言文化教育的规律，具有从事华文教学、中华文化传播、针对华裔子弟进行华文教育的知识、能力和素质。针对华文教师职业能力认证的《华文教师证书》，以培训、考核、认证"三位一体"的理念，为华文教师素养的提升发展提供了专业帮助，区别于《国际汉语教师标准》，充分体现华文教师的特色。《华文教师标准》与《华文教师测评大纲》是华文教育机构认定华文教师职业能力的参考，内容涵盖华文教师的职业操守、专业知识、专业技能等方面，能提升海外华文教师综合素质和教学能力。华文教师证书标准明确了华文教师申请者必须具备汉语语音、词汇、语法、修辞、写作及汉字基本知识，掌握汉语听、说、读、写、译基本技能；具备汉语教学专业素养，掌握汉语教学和中华文化的基本知识，以及实际的教学能力。这些都是华文教师证书标准的重要测评点。因此，人才培养标准应从华文教师证书出发，在资格证书指引下，考查华文教

---

①参见曾毅平：《培养华文师资力量推进华教"三化"建设——曾毅平教授谈〈华文教师证书〉的研发与颁行》，《世界华文教育》2018年第1期。

②原鑫：《华文教师个体背景因素与教师证书考试表现的关系》，《云南师范大学学报（对外汉语教学与研究版）》2019年第1期，第83页。

育本科专业培养的学生所应达到的知识、能力和素质。

华文教育专业的学生毕业后大都从事华文教师工作。理应要以华文教师标准为指引，考察他们是否达到华文教师标准所要求的专业知识、专业素质与能力等要求。那么，从知识、能力、素质层面来理解华文教育本科专业人才培养的基本要求，人才培养标准理应为未来申请华文教师证书的学生，描述他们应该掌握哪些知识，具备哪些能力，且后续的课程设置以及教学环节都应围绕这些标准来落实。本书构建的华文教育专业本科人才培养标准，作为职前华文教师培养标准的一部分，可与华文教师证书的标准构成相互补充的支撑。其中有交叉内容，也有自身的特征。

综上所述，比较上述三个标准，笔者发现，虽然每个标准的出发点不同，但是都关注知识、能力、素质这三大核心要素，都强调基础知识和专业技能的掌握，职业道德规范的遵守。在对比三个标准的过程中发现，目前的汉语水平标准已很成熟，可拓展的研究空间较小，但标准方面缺（或少）文化素养标准。

第三节　华文教育本科专业人才培养标准的内涵

人才培养标准的核心内容是结合培养目标，进一步分析培养"什么样的人"。在专业定位的基础上，明确具体的知识结构、能力和素质的要求等。[1]我们在人才培养上一个长期以来悬而未决的问题就是人才培养目标过于笼统模糊，在人才培养目标设计上缺乏对专业人才所必需的知识、能力、素质的科学分解和建构。[2]目前，文化素养标准较少提及或没有单列，本书主要从文

[1]参见仲伟合：《英语类专业创新发展探索》，《外语教学与研究》2014年第1期，第130页。
[2]项璐、眭依凡：《培养目标：人才培养模式改革的价值引领——基于斯坦福大学"开环大学"计划的启示》，《现代大学教育》2018年第4期，第108页。

化素养标准、华文教师汉语教学能力标准入手，循着"语言认同"—"语言教育认同"—"文化认同"的思路，将中华传统文化的核心要素注入人才培养过程中，使华文教育专业本科学生对中国文化有着更深的理解和感悟，让其在潜移默化中感受中华文化的熏陶与感染，作为华文教育本科专业人才培养标准所应具备的重要内容来考虑，凸显其重要性和关键性。

　　笔者以明确华文教育专业定位为基础，基于知识与理解、能力与运用、素质与职责三者之间构成的有机整体，编制人才培养标准，提出华文教育专业本科人才培养标准的指标体系（详见表4-5）。它有3项一级指标，14项二级指标，29项三级指标，以供暨南大学和华侨大学华文教育本科专业参考，以便做到华文教师职前教育专业化培养有规可依、有章可循，并把专业培养标准中要求学生应达到或者实现的知识、能力、素质等目标要求予以明确，以推动华文教育本科专业发展。

表4-5　华文教育本科专业人才培养标准指标体系

一级指标	二级指标	三级指标
专业知识与理解	汉语知识与应用	掌握汉语语音、词汇、语法、修辞和汉字基本知识，并能运用于教学实践
		了解一定的古代汉语知识
	汉语教学知识	掌握教育学基础知识和基本原理，了解教育的本质和教学原理，理解华文教育性质和内涵
		了解心理学基本原理，掌握学习心理特点和学习能力发展规律
		了解第二语言习得基础知识，熟悉第二语言教学法的基本原则与具体方法
	中华文化知识与跨文化交际	了解中华文化基本知识，理解中国文学、历史、哲学、宗教、民俗、地理的基本知识和中华文化的特点
		了解当代中国社会政治、经济、文化的基本国情，理解中国现当代文学发展，能客观、准确地介绍中国
		具有跨文化意识，熟悉中华文化与所在国文化的差异

（续表）

一级指标	二级指标	三级指标
专业能力与运用	汉语交际能力	听力理解：整体理解特定语境中较长语段的主要内容和标准汉语的通知、新闻和节目
		口头表达：用较标准的汉语进行课堂语言示范，针对一般性主题进行成段表达
		阅读理解：看懂相关专业领域的汉语工作文件和较浅显的专业文献
		书面表达：撰写600字以上的表达清楚、语句通顺、语篇连贯的命题文章，以及常用应用文
	汉语教学能力	了解华文教学法体系，掌握常用的语音、汉字、词汇、语法等语言要素教学要求，熟悉听说读写言语技能训练的基本方法，能进行有效的教学
		了解汉语课堂教学特点与规律，以及教案编写、语言知识讲解、课堂结构及教学案例的内容和方法，具备良好的课堂管理能力
		具备教学与学习的知识与技能，熟悉华文教学的主要模式，能合理制订教学计划，运用教学资源设计教学过程
		应用多种教学策略，有效地实施教学，组织教学活动，具备调控教学过程、营造学习氛围、激发学生学习兴趣的能力
		了解汉语教材分析的基本内容，根据课程特点和教学对象恰当选择教材，合理安排教材内容
		掌握常用的教育测评方法，能对学生的学习表现及教学效果进行客观、全面的测试与评价
		掌握现代教育技术，能较为熟练地把现代信息技术应用于华文教学与其他专业活动
	跨文化交际能力	具有一定的跨文化交际的能力，在华文教学活动中尊重他人文化，并能妥善处理文化差异
		掌握一门华文教学的媒介语，并能熟练运用
	中华才艺展示	具有一定的中华文化才艺展示能力，并能恰当地运用于华文教学

（续表）

一级 指标	二级指标	三级指标
专业素质与职责	职业精神	热爱华文教育事业，热爱华文教师职业
	职业道德	具备从事华文教育工作的职业操守
	专业意志	理解华文教师的专业职责，熟悉教育政策和法规
	身心素质	具有良好的身心素质和积极的人生态度
	专业发展 意识	具有一定的教学研究能力和专业发展意识，能反思并改进自身的实践，努力寻求专业发展机会
	沟通能力与 行为	具有良好的亲和力和沟通能力，能平等地与他人进行沟通交流
	专业素养	关心、爱护、尊重学生，关注学生个体差异，做到因材施教

本书编制的专业培养标准，是根据华文教育本科专业的特殊要求对学生的知识、能力和素质应达到的最低标准所设置的原则规定与要求，能确保新生入学汉语水平虽不一致但毕业要求基本一致，均能达到相关标准的规定和总体要求，成为一名合格甚至优秀的海外华文教师。各学校亦应根据自身的实际情况，针对华文教育专业本科学生汉语水平的参差不齐，因校制宜，不是实行"一刀切"式的"目标达成式发展"，而是制定针对本校的专业培养标准，体现鲜明的个性化特征，兼顾"量"与"质"的渐进式协调发展之路。[①]可见，本标准准确把握华文教育专业的应用型人才培养定位，关注专业培养标准的核心要求，从知识结构、能力结构和素质结构出发，规定华文教育本科专业学生都必须掌握的基本知识、具备的基本能力与素质，作为人才培养成效评价[②]的重要内容予以考虑。而在保证核心标准的知识、能力和素质结构体系完整性的基础上，可在课程设置上体现能力培养侧重点不同，这不在华文教育本科专业人才培养标准考虑的范围之内。

综上，应结合专业培养标准的内容，审视华文教育专业本科人才培养模

---

①参见李欣、严文蕃：《海外华文教育标准的类别分析及模型构建》，《华侨大学学报（哲学社会科学版）》2016年第6期，第150页。

②本书编制的专业培养标准重点关注人才培养模式的培养过程的构成要素，没有把培养质量的测评等要素纳入本标准的范围，在此做补充说明。

式。标准的缺失，会使华文教育本科专业质量管理与监控无据可依。因此，根据实际情况来构建华文教育本科专业人才培养标准很有必要。本书对于华文教育专业本科毕业生（未来的华文教师）所必备的知识、能力和素质进行多层次的细化，准确把握当前华文教师的核心素养，使得笼统的教育期望转化为可以操作的学生表现与行为，设计并实施与社会需求高度契合的专业人才培养标准，以实现学生掌握什么知识和能够做到什么为达标的主要依据，还重视学生专业志趣、道德品质、人文修养等多方面素质的形成，并把标准的内涵体系要求内化到学生培养成效之中。培养标准的实现主要依靠课程设置、教学组织形式和教学环节的实施。要以课程标准作为教育和教学的重要基础，要让学生清楚地知道自己要学什么，教师清楚地知道自己要教什么，学习者和教育者都要向学生的学业表现负责。[①]接下来，本书将对华文教育本科专业课程设置做分析与探讨。这是根据人才培养目标来确定的，专业培养标准的规范也指引着课程设置。根据人才培养目标细化华文教育专业培养标准，不能脱离华文师资培养的大环境，要从促进学生发展的层面来考虑后续课程设置。围绕培养标准，按照人才培养的价值观将选取的课程要素优化组织为一定的结构，通过必修课设置，确保培养标准的核心要素的达成；通过选修课的模块化设置，实现有针对性的、个性化的分类分层教学。

---

①李欣、严文藩：《海外华文教育标准的类别分析及模型构建》，《华侨大学学报（哲学社会科学版）》2016年第6期，第142页。

第五章　华文教育本科专业课程设置的分析与设计

　　课程设置是实现人才培养模式的重要载体，是实现人才培养核心地位的重要前提。课程设置是指为实现各级各类学校的培养目标而规定的教学科目及其目的、内容、范围、分量和进程的总和，它不仅把各科教学内容的进度变成便于教学的体系，而且是培养人才的蓝图。[①]课程设置是根据培养目标来设置课程，并将不同内容、不同形式、不同形态的课程相结合转换为具体的教学实践，其实现渠道是人才培养过程的关键因素——课程。离开课程设置，培养目标将落不到实处，培养标准所要求的知识、能力和素质要求也就会落空。长期以来，课程设置主要关注知识本身的传授与应用，而忽略了其对人自身存在的影响与意义。对照现有的华文教育专业的培养目标与培养标准，我们的学生尚缺少哪些方面的能力、知识或素质，则是在课程设置中应重点考虑的问题。比如，在教学能力培养方面，数字化教学能力和课堂教学技能较弱，教育实习时间短，都与课程设置存在一定的关系。对应到课程设置、专业学习等方面，存在课程内容难以满足学生发展需要等问题。华文教育本科专业课程设置具有深远的教学建设意义，既要满足华文教育本科专业学生的需求，又要满足海外华文教育发展要求。以此基础，合理地有机结合才能有效地实现课程目标，课程质量高低直接影响人才培养模式的优劣。

第一节　课程设置的比较分析

　　暨南大学华文学院、华侨大学华文学院作为国内两所面向海外招收学生开展华文教育本科人才培养的教学单位，是本书的研究对象。云南师范大学

[①]南京师范大学教育学编写组：《教育学》，人民教育出版社1984年版，第416页。

云南华文学院华文教育专业[①]招收的是统一参加全国高考的中国学生，不纳入本书研究范畴。本章节以人才培养方案的课程设置作为样本，从课程类型、课程门数和课程内容开展比较分析，总结课程设置的共性与差异。基于受教育者视角分析课程内容如何满足学生的现实需要，思考华文教育专业学生的知识、能力与素质培养，分析课程设置的有待改进之处，提出合理建议。人才培养方案之间比较什么、如何比较，是课程设置的重点与难点。

一、研究样本与比较方式

本章节主要选取国内两所面向海外招收华文教育专业本科生的高校——暨南大学和华侨大学作为研究样本，并且以人才培养方案的课程体系与课程设置研究作为最直接的样本选择。人才培养方案是学校教学工作的规范性文件，是组织开展教学活动、安排教学任务的基本依据，是实现人才培养目标的重要环节，一经确定必须认真组织实施。

研究主要采取内容分析法，开展暨南大学华文教育本科专业2005级、2018级人才培养方案与华侨大学华文教育本科专业2006级、2016级人才培养方案[②]的课程设置比较分析，从课程类型、课程门数和课程内容三个方面详细剖析两所学校人才培养方案中的课程体系与课程设置的异同点，主要基于以下几点：

第一，初办华文教育本科专业的课程设置横向比较：暨南大学2005级人才培养方案对比华侨大学2006级人才培养方案。开展两所高校初办华文教育本科专业时的课程设置的横向比较，实属必要。考虑到暨南大学于2005年9月开始招收第一届华文教育专业本科生，次年9月，华侨大学开始招收华文教育专业本科生，因此，对暨南大学2005级华文教育专业人才培养方案、华侨大学2006级华文教育专业人才培养方案的课程设置情况进行比较分析。

第二，新一轮修订人才培养方案课程设置的横向比较：暨南大学2018级

①2019年开始暂停招收华文教育专业中国本科生。经查询云南师范大学2020年招生简章，2020年开始隔年招生。

②人才培养方案在部分高校又名"教学计划"。

人才培养方案对比华侨大学2016级人才培养方案。为迎接本科教学工作审核评估，暨南大学、华侨大学都开展了2018级本科专业人才培养方案修订工作，修订各专业本科人才培养方案，内容包括培养目标、毕业要求、主干学科、专业核心课程、主要实践环节、学制及授予学位等。其中，暨南大学华文教育专业①按照指导性意见修订培养方案，融入创新创业元素，设置不少于6学分的创新创业知识群课程；华侨大学华文教育本科专业以2016级人才培养方案为基础进行了微调，设置至少10学分的创新创业教育与专业教育融合类课程（多数为专业选修课程）。2019年，暨南大学华文教育专业因为学校本科专业目录调整，对人才培养方案的课程设置进行了微调。为了研究的便利性和分析的合理性，笔者重点选择暨南大学2018级华文教育本科专业人才培养方案和华侨大学2016级华文教育本科专业②人才培养方案进行课程设置的横向比较。

第三，纵向比较华文教育本科专业人才培养方案的课程设置：暨南大学2005级人才培养方案对比暨南大学2018级人才培养方案、华侨大学2006级人才培养方案对比华侨大学2016级人才培养方案。人才培养方案不是一蹴而就，更不是一劳永逸的。人才培养方案的课程设置需要按照教育的基本规律和社会需求与时俱进。伴随着华文教育研究的深入而丰富，适时进行调整和完善，从而使人才培养方案更趋合理和科学。对课程设置进行纵向比较，了解课程设置的演变，一是对课程变迁的回顾分析，二是对课程设置的反思。基于此视角，纵向比较分析暨南大学2005级、2018级华文教育本科专业人才培养方案，华侨大学2006级、2016级华文教育本科专业人才培养方案，从中发现异同，以比较视野观察两所学校华文教育本科专业课程设置的变迁过程，总结出人才培养方案调整是如何突出华文教育本科专业培养特色，以及

---

①经与暨南大学华文教育本科专业负责人访谈，本科人才培养方案4年整体修订一次，一旦审核通过并开始执行，原则上4年内不再异动。在实施过程中，根据具体情况不断优化课程设置和教学内容。目前使用的2018级人才培养方案（修订版），总体执行情况良好，师生对人才培养方案的认可度较高，其更适合学生实际需要。

②经与华侨大学华文学院专业负责人沟通，总体来说，2018级人才培养方案与2016级人才培养方案十分相近。

区别于较早开设的面向境外招生的汉语言专业①。

第四，课程设置包括课程的类型结构、数量结构和内容结构等不同层次组织形式。开展课程设置数据与内容分析，需要确定课程体系与课程设置比较的侧重点。从课程管理制度角度，可分为选修课程和必修课程；从专业发展角度，可分为基础课程和专业课程。②笔者主要对两所学校华文教育本科专业人才培养方案的主干课程、课程安排、学分要求等进行了统计分类。本书根据通识教育必修课、通识教育选修课、学科基础课、专业必修课、专业选修课等课程类型，按照课程属性归类的课程门数，以及结合课程类别整理的课程内容进行比较分析。

二、课程设置的对比分析

（一）基于课程类型的比较

通过对收集的人才培养方案的研究发现，华文教育专业课程设置的课程类型与人才培养方案修订总体上保持一致，新修订的略有不同。课程类型见表5-1。

表5-1 暨南大学与华侨大学华文教育专业课程类型比较

暨南大学	对比	华侨大学
（2005） 公共基础必修课 专业基础课 专业必修课 专业选修课 实践教学环节	←→	（2006） 校公共课 学科基础课 专业课 专业选修课 素质教育课 实践课
↑ ↓		↑ ↓

---

①华文教育专业开办之前，汉语言专业是培养海外华人社团华文教育师资的主要专业。

②参见丛立新：《课程论问题》，教育科学出版社2000年版，第235页。

（续表）

暨南大学	对比	华侨大学
（2018）		（2016）
通识教育必修课		通识教育必修课
通识教育选修课		通识教育选修课
基础教育必修课		专业基础课
基础教育选修课	←→	专业核心课
专业必修课		专业选修课
专业选修课		专业实践
		社会实践

资料来源：根据人才培养方案整理。

按照课程类型，课程体系主要有通识教育必修课[①]、通识教育选修课、学科基础课[②]、专业必修课以及专业选修课等。通识教育课程在形式上有必修课和选修课两种，主要培养学生的世界观和人生观，塑造认识事物、观察问题与解决问题的能力，以及增强处理社会关系和交流、协作等能力。[③]学科基础课或专业基础课主要是为专业课学习奠定基础，注重华文教育本科专业学生的基本专业技能的培养和基础知识的讲授，属于必修课。专业课是专业能力与素质培养的主干课程。它也分为必修课和选修课两种课程类型，其中，专业必修课是体现专业核心素质培养的课程，专业选修课是体现专业培养特色的课程。需要指出的是，选修课既有通识教育选修课，还有专业限选课和专业任选课等其他有选择性地修读的课程。专业选修课可以适应学生个体差异，发挥学生个人特长发展。实践课作为理论联系实际的桥梁，主要包括实习、毕业论文和创新创业实践等内容，是华文教育本科专业学生作为未来教师培养过程中必不可少的关键环节，能检验学生对知识的掌握和运用程度，还能促进自我的教学反思与成长。

表5-1中，初办华文教育专业的校公共课都是必修课，伴随着课程变迁

①初办华文教育本科专业时，为校公共课或者公共基础必修课。

②暨南大学的本科人才培养方案中，主要指基础教育必修课。

③参见彭小虎：《高等师范课程比较研究与我国师范课程体系的建构》，《高等师范教育研究》2000年第5期，第66页。

与发展，后来属于通识教育课的范畴，既有必修课，也有选修课。学科基础课，意即专业基础课，华侨大学将其定为必修课程，暨南大学将其定为基础教育课程，还增设一部分的选修课（基础教育选修课）。其中华侨大学初办华文教育专业的校公共课与学科基础课，跟普通意义上的校公共必修课内容有所差异，主要是语言类课程，这可能与华文教育本科专业学生的汉语水平有关。两所学校课程体系的差异，暨南大学将毕业论文和实习安排在专业必修课模块中，在基础教育选修课和专业教育选修课中设置创新创业知识群供学生选择课程修读。根据以上分类，进一步对两所学校的各课程类型及其所占学分做数据统计后的结果如表5-2所示。

表5-2　初办华文教育本科专业时课程类型及学分比例情况

暨南大学（2005）					华侨大学（2006）		
课程类型	初级汉语水平		中级汉语水平		课程类型	学分	百分比
	学分	百分比	学分	百分比			
①公共基础必修课	17	10.6%	17	10.6%	①校公共课	98	57%
②专业基础课	86	53.7%	84	52.5%	②学科基础课	24	14%
③专业必修课					③专业课	10	5.8%
④专业选修课	47	29.4%	49	30.6%	④专业选修课	18	10.5%
⑤实践教学环节	10	6.3%	10	6.3%	⑤实践课	15	8.7%
					⑥素质教育课	7	4%
学分总计	160	100%	160	100%		172	100%

资料来源：根据人才培养方案整理。

从表5-2中可以看出，暨南大学华文教育本科专业实行分层教学、因材施教的培养方案，2005级人才培养方案的课程设置根据学生的入学水平分初级汉语水平和中级汉语水平两套方案。后来根据专业发展需要，逐渐演变为三套培养方案（A、B、C方案），中、高级汉语水平的接受A方案、介于二者之间的接受B方案，汉语水平零基础的接受C方案。根据海外华人社团选送学生的实际情况，暨南大学进一步完善分层教学、因材施教的培养方案，从2014级开始，将之前的A、B、C三套培养方案整合，形成一套核心课程相同、多模块课程相结合的培养方案，推进因材施教与分层培养，并辅以插班制度，根据学生的汉语水平实行分班教学。在新修订的2018级人才培养方案中，暨南大学华文教育本科专业增加大量的选修课程供学生修读，而华侨大学华文教育本科专业只有一套课程设置方案。

两校课程设置类型基本相同，横向比较发现，华侨大学初办华文教育本科专业有素质教育课，主要有中国画、中国经济、中国旅游文化、中国音乐，共计7学分；暨南大学缺少此类课程设置。暨南大学华文教育专业构筑院级通识课—系级基础课—专业课构成的课程体系，其中设立院级通识课，主要供华文教育专业学生修读，作为校级通识教育课的补充。

如表5-2所示，横向比较两所学校，初办华文教育本科专业时各课程类型所占学分比例，暨南大学华文教育本科专业的总学分为160学分，其中专业基础课比例最高（53.7%），而华侨大学华文教育本科专业的总学分为172学分，其中校公共课比例最高（57%），暨南大学此类课程比例略低于华侨大学，暨南大学专业选修课比例（30.6%）高于华侨大学。从课程体系看，华侨大学的校公共课加上学科基础课的学分，共计122学分，占总学分的71%，占学分学时最多，充分体现专业基础课程在人才培养中的重要性。校公共课以语言类课程为主，主要包括基础、中级、高级三个层次的汉语、口语、听力、阅读等课程，充分说明华侨大学对学生汉语语言能力培养的重视。

在最新修订的人才培养方案中（见表5-3）华侨大学把专业实践和社会实践作为重要组成部分摆在显要位置，而暨南大学则增设基础教育课程，主要包括基础写作、语言学概论、跨文化交际、中国现当代文学、中国古代文学、古代汉语等必修课程和汉语言知识群、语言学知识群、文学文化知识群、汉语言能力培养环节和创新创业知识群。

结合学科基础课和专业课学分及其占比，研究发现，初办华文教育本科专业时，华侨大学学科基础课占总学分的比例为14%，专业课占总学分比例为5.8%，后者比例更小。实践课程占总学分的比例两所学校都偏低，暨南大学为6.3%，华侨大学为8.7%。从中可见，暨南大学和华侨大学的课程设置方案体现出最初办专业时的"厚基础"，而暨南大学两套方案除专业基础课略有差异外，其他无明显区别。

表5-3　新一轮修订华文教育本科专业的课程类型及学分比例情况

暨南大学（2018）			华侨大学（2016）		
课程类型	学分	百分比	课程类型	学分	百分比
①通识教育必修课	4	2.5%	①通识教育必修课	11	7.6%
②通识教育选修课	10	6.3%	②通识教育选修课	6	4.1%
③基础教育必修课	21	13.2%	③专业基础课	86	59.3%
④基础教育选修课	15	9.4%	④专业核心课	13	9%
⑤专业必修课	34	21%	⑤专业选修课	12	8.3%
⑥专业选修课	18	11.3%	⑥专业实践	14	9.7%
⑦任意选修学分	58	36.3%	⑦社会实践	3	2%
学分总计	160	100%		145	100%

资料来源：根据人才培养方案整理。

对比修订的最新人才培养方案，从表5-3中可了解到，暨南大学华文教育本科专业总学分为160学分，必修课占59个学分，选修课占101学分，必修课、选修课占总学分比例分别为36.9%、63.1%，二者之间比例约为1∶1.7。华侨大学华文教育本科专业总学分为145学分，必修课占127个学分，选修课占18个学分，必修课程、选修课程占总学分比例分别为87.6%、12.4%，二者之间比例约为7∶1，其中专业基础课86学分，占总学分（145学分）的比例为59.3%，主要包括初级汉语综合、中级汉语综合、高级汉语综合等课程。暨南大学针对学生汉语水平的差异性，在保持一定比例的必修课的基础上，加大选修课比例，选修课占总学分比例高达63.1%，进一步拓宽学生的选课空间，体现出培养目标的层次性和培养模式的多样性。

通过纵向比较课程设置方案的演变发现，暨南大学华文教育专业人才培养方案必修课的比例在递减，选修课的比例在翻倍增加。在与专业负责人的访谈中了解到，主要原因是之前A、B、C不同汉语水平的三套方案整合为一套方案，因为大量的语言课程不能作为必修课。诸如，A班不需要学初级、中级的系列汉语类课程，不能把这些课程作为必修课程，但这些课程对B班、C班（中级系列汉语课程）的学生来说实际上是必须学的，但只能作为选修课程。暨南大学充分考虑学生汉语水平参差不齐的特性，通过选修课的形式给汉语水平差的班级提供大量语言课。华侨大学的校公共课与目前的专业基础课学分所占比例基本持平，课程基本以语言类课程为主，其重点在于夯实汉语基础，为后续的专业其他课程学习奠定基础。必修课学分比例的限制，意味着少数入学时汉语水平高的学生也必须从入门汉语课开始学习。

综上所述，两所学校课程设置的课程类型基本相似，基于不同课程设置思路，保持课程设置方案结构的合理性，并能按照通识教育课程、基础教育课程、专业课程和实践教学环节开展课程设置。开设通识教育课程必修课和选修课，强调基础性，而非专业性的课程。基于基础性的课程设置，既为后续的课程学习奠定基础，也为职业技能训练提供动力。在保持课程数量充足的前提下，暨南大学除了专业教育必修课之外，还增设基础教育必修课，华侨大学则是专业基础课/专业课；在专业选修课方面，暨南大学注重以知识群的形式供学生选择，并且在课程学分的比例上，针对学生汉语水平的差异性，在保持一定比例的必修课的基础上，加大选修课比例，进一步拓宽学生的选课空间，给学生提供不同选择，体现出培养的层次性。

（二）基于课程门数的比较

课程类型及其所占学分比例的比较，可以提供两所学校华文教育本科专业课程设置的宏观特征，而具体到各种课程类型的门数比较，可以挖掘其微观差异，并从中找寻到一定的规律。为此，笔者对此做了统计分析。

1. 暨南大学华文教育专业课程设置的纵向比较

从表5-4中，纵向比较暨南大学华文教育专业2005级和2018级人才培养方案的课程门数，分别为74门、101门。全校的通识教育必修课中，2018级课程设置中只开设1门中国概况和1门体育，而2005级课程设置中，文化类课程有5门，分别是当代中国概论、思想道德修养、法律基础、中国近现代史纲要和中国传统文化，另设有计算机文化基础和体育；2018级课程体系考虑学生知识结构的合理性，增加通识教育选修课，有5门课程，包括文史哲类课程2门，艺术素养类、数学理工类和综合类课程各1门。

2005级人才培养方案中，专业基础课和专业必修课，主要包括语言类、文学文化类、教育学类、心理学类、教学法类、华文教育类，其中语言类课程20门、文学文化类课程4门、教育学类课程4门、教学法类课程3门、华文教育类课程4门，而2018级人才培养方案中的基础教育必修课、专业教育必修课，共有语言类课程6门，教育学心理学类课程6门，文学文化类课程4门，华文教育类课程3门，实践教学类课程5门。对比可见，初办华文教育专业时，暨南大学对学生的语言类课程要求高，课程门数高达20门，而目前

2018级人才培养方案只有6门必修课的修读要求，但在基础教育选修课程中有汉语言知识群12门课程、语言学知识群4门课程可供学生选修。其他类别的必修课程，如教育学心理学类、华文教育学类等课程门数基本上一致。

表5-4　暨南大学华文教育专业本科人才培养方案各课程类别及门数比较

暨南大学（2005）		课程门数		暨南大学（2018）		课程门数
课程类型	课程类别	初级汉语水平	中级汉语水平	课程类型	课程类别	
①公共基础必修课	文化类	5	5	①通识教育必修课	文化类	1
	其他	2	2		其他（体育）	1
②专业基础课③专业必修课	语言类	20	18	②通识教育选修课	艺术素养类	1
	教育学类	4	5		文史哲类	2
	心理学类	1	2		数学理工类	1
	教学法类	3	3		综合类	1
	华文教育类	4	4	③基础教育必修课	语言类	6
	文学文化类	4	4		文学文化类	4
	儿童教育类	1	1	④基础教育选修课	汉语言知识群	12
④专业选修课	语言类	9	6		语言学知识群	4
	教育学类	1	2		文学文化知识群	13
	心理学类	1	0		汉语言能力培养环节	14
	教学法类	1	1		创新创业知识群	3
	华文教育类	2	2	⑤专业教育必修课	教育学心理学类	6
	文学文化类	7	8		华文教育类	3
	儿童教育类	5	4		实践教学	5
	英语类	2	4	⑥专业教育选修课	教育学心理学知识群	10
⑤实践教学	教学实习	1	1		教学技能知识群	7
	毕业论文	1	1		华侨华人知识群	3
					创新创业知识群	4
课程门数总计		74	73			101

157

备注：2018级人才培养方案通识教育选修课有最低修读学分要求（10学分），按照一门课程2学分计算；基础教育选修课、专业教育选修课各知识群有最低修读学分要求，分别为15学分、18学分。

资料来源：根据人才培养方案整理。

在专业选修课方面，2005级人才培养方案首先以语言类课程为主，初级汉语水平多达9门课程，其次是文学文化类课程，共有7门，最后是儿童教育类课程5门、华文教育类课程2门；2018级人才培养方案中教育学心理学知识群有10门课程、教学技能知识群有7门课程。可见，初办华文教育的专业选修课多以语言类课程与文学文化类课程为主。伴随着教师职业专业化的发展，2018级人才培养方案的专业选修课则以教育学、心理学课程，以及教学技能相关课程作为师范技能培养的主要保障。经查阅上一轮华文教育本科专业2014年人才培养方案修订情况，对比2013级人才培养方案，其中选修课共有58门，2014级人才培养方案中，选修课增加7门，共有65门。选修课的增加拓宽学生的选课空间，解决学生选课难的问题。

与此同时，2018级人才培养方案在基础教育选修课和专业教育选修课中分别增设创新创业知识群，将创新创业教育渗透在课程与专业实践之中，实现创新创业教育与专业教育的相互融合，逐步健全融课堂教学、自主学习、实践活动、文化浸润为一体的创新创业教育体系。

在实践教学方面，2005级人才培养方案只有教学实习和毕业论文2门课程，而2018级人才培养方案则增加到5门必修课，包括论文写作、毕业论文、毕业实习等。在课程内容设置上，还增加经典诵读、三笔字和简笔画，是专门针对早读、三笔字设立的实践类课程。此外，增加了教师职业修养方面的课程，如教师职业道德与修养、科学发声和嗓音保护等。

对比初办华文教育专业的初级汉语水平、中级汉语水平的课程设置，笔者发现，课程门数分别为74门、73门，但是在专业基础课中的语言类课程，初级汉语水平学生修读20门，中级汉语水平学生修读18门；教育学类和心理学类课程，初级汉语水平修读5门，中级汉语水平学生修读7门，其他类别的课程大体一致。专业选修课中语言类课程，初级汉语水平学生可选择课程为

9门，中级汉语水平学生可选择课程为6门；英语类课程，初级汉语水平学生可选择课程为2门，中级汉语水平学生可选择课程为4门，其他类别的课程门数相近。从中可以发现，对于初级汉语水平的学生，学校提供大量的语言类课程供其修读，而对中级汉语水平的学生，则多提供教育学、心理学类课程与英语类课程供其修读。

2. 华侨大学华文教育专业课程设置的纵向比较

从表5-5中，笔者发现，华侨大学华文教育专业2006级、2016级课程设置，课程门数分别为59门、80门。全校公共必修课（通识教育必修课）都开设了计算机和体育两门课程，不同之处是2006级人才培养方案中开设12门语言类课程，而2016级人才培养方案开设了中国历史、中国国情、中国文化概论等课程。在2006级课程设置中有4门素质教育课程，而在2016级课程体系的通识教育选修课则有3门文化类课程。

表5-5　华侨大学华文教育专业本科人才培养方案各课程类别及门数比较

华侨大学（2006）			华侨大学（2016）		
课程类型	课程类别	课程门数	课程类型	课程类别	课程门数
①校公共课	语言类	12	①通识教育必修课	文化类	4
	其他	2		其他	2
②学科基础课	文学文化类	5	②通识教育选修课	文化类	3
	教育学心理学类	2	③专业基础课	语言学类	20
	华文教育类	1	④专业核心课	语言学类	2
	语言类	1		教育学类	3
③专业课	教育学类	3		教学法类	1
	语言学类	3	⑤专业选修课	语言学类	6
④专业选修课	文学文化类	15		教育学心理学类	2
	教育学心理学类	5		教学法类	4
	语言学类	2		文学文化类	19
	华侨教育类	1		其他	7

（续表）

华侨大学（2006）			华侨大学（2016）		
课程类型	课程类别	课程门数	课程类型	课程类别	课程门数
⑤实践课	毕业论文与教育实习	3	⑥专业实践	毕业论文与教育实习	2
⑥素质教育课		4		其他	3
			⑦社会实践		2
总计		59			80

备注：2016级人才培养方案的通识教育选修课有6学分的修读要求，按照1门课程2学分进行计算；专业选修课有12学分的修读要求。

资料来源：根据人才培养方案整理。

2006级人才培养方案的学科基础课和专业课中，文学文化类课程为5门，教育学心理学类课程为5门、语言类课程为4门；2016级人才培养方案的专业基础课和专业核心课的语言学类课程为22门，教育学与教学法类课程为4门。笔者在比较专业选修课①的课程设置时，发现2006级有文学文化类课程15门，教育学心理学类课程5门；2016级有文学文化类课程19门，其他类课程7门（创新创业、毕业指导等），语言学类课程有6门。根据必修课的门数，笔者发现语言类课程2006级共计16门，2016级共计22门；文学文化类课程，2006级共计5门，2016级共计7门。结合校公共必修课，研究发现语言类课程、文学文化类课程门数多，语言类课程在华侨大学华文教育本科专业课程设置中占到重要比例，集中在汉语听力、口语、阅读、写作以及综合课程中。

作为师范生培养的实践课设置门数，2006级只有3门课程，而2016级包括语言实践、毕业实习等5门专业实践类课程，也包括华文教育项目策划与实践等社会实践类课程，共计7门课程。这是因为华侨大学立足福建的侨乡文化研习，放眼全国的中国文化之旅，组织赴东南亚国家华文学校支教，进行海外文化传播实践等众多课外实践课程和活动，以凝聚起华文教育专业学

①专业教育选修课，2006级学生需要修读18学分，2016级学生需要修读12学分。

生的中国心。

3. 暨南大学与华侨大学华文教育本科专业课程设置的横向比较

第一，横向比较两所学校初办华文教育专业时课程设置的情况。研究发现，首先，课程门数总数相差15门，暨南大学为74门，华侨大学为59门。其次，就校公共基础必修课而言，暨南大学有7门课程，以文化类课程为主；华侨大学有14门课程，以语言类课程为主。在专业基础课/专业课设置中，暨南大学共有37门课程，其中语言类课程20门、教育学类课程4门、文学文化类课程4门；华侨大学的学科基础课/专业课，共有15门，其中文学文化类课程5门、教育学心理学类课程5门、语言类课程4门。课程体系的归类不同，主要属于校公共必修课和专业基础课。但通过必修课的课程设置比较分析，笔者发现两所学校的语言类课程相差不多，暨南大学20门，华侨大学18门，主要还是语言类、文学文化类有关的学院层面的公共课。

在专业选修课设置中，暨南大学华文教育专业初级汉语水平的语言类课程有9门，文学文化类课程有7门；华侨大学的文学文化类课程有15门、教育学、心理学类课程有5门。华侨大学的文学文化类课程，明显多于暨南大学此类课程的门数，可见华侨大学比较注重华文教育专业学生的文化气质的塑造和文化底蕴的挖掘。在实践教学课程设置上大体相同，暨南大学、华侨大学分别为2门、3门课程。除此之外，华侨大学还设置了素质教育课程，共有4门。

第二，横向比较两所学校新修订的人才培养方案的课程设置情况。华文教育本科专业的课程设置门数，暨南大学为101门，华侨大学为80门，相差21门，其主要差异体现在暨南大学的基础教育选修课课程门数多达46门。全校通识教育必修课中，暨南大学2018级人才培养方案只有中国概况、体育两门课程，而华侨大学2016级人才培养方案有6门；通识教育选修课程，暨南大学、华侨大学最低修读要求分别为5门和3门。

在基础教育必修课/专业教育必修课中，暨南大学共计24门课程，其中实践教学课程5门，语言类课程6门，文学文化类课程4门，教育学、心理学类课程6门，华文教育类课程3门；而华侨大学的专业基础课/专业核心课，共有26门，其中语言学类课程多达22门，重点培养学生汉语听、说、读、写等技能，教育学类与教学法类课程合计4门。与华侨大学的培养定位相呼应，并从华文教育专业学生培养特殊性出发，熟练掌握汉语运用能力是其专业学习的首要之举，更加突出以语言类课程为主的特性。暨南大学语言类课程则以系统的汉语理论知识为主。

在专业教育选修课中，暨南大学共有24门课程，其中教育学心理学知识群有10门课程，教学技能知识群有7门课程；华侨大学共有38门课程，其中文学文化类课程19门，语言学类课程6门，教育类课程6门，其他课程7门。其中，笔者进一步发现，华侨大学延续初办华文教育本科专业的思路，重视文学文化与语言类课程在人才培养方案中的比重与门数，语言类课程内容从汉语能力训练、汉语综合知识扩展到具体某一应用领域。文学文化类课程以中华文化基本知识为主，帮助学生理解中国文学、历史、哲学、宗教、民俗、地理的基本知识和中华文化的特点。而暨南大学则逐步开始重视作为师范生培养的教育学类课程、教学技能类课程的开设，共计17门教育类课程，更倾向于应用，并且更有针对性。而落实到实践教学环节，暨南大学在专业教育必修课中设置5门实践教学课程，华侨大学分别设置5门专业实践课程和两门社会实践课程。

（三）基于课程内容的比较

通过教育类课程、语言类课程、文学文化类课程、实践类课程等课程类别的门数比较，发现各类课程在课程体系中的分量不一。继而按照课程内容，教育类课程作为华文教育专业培养海外华文师资的相关课程，其重要性不可或缺，主要包括教育学、心理学、教学法等课程。语言类课程包括重点培养华文教育本科专业学生的汉语理论知识、汉语能力的课程，文学文化类课程则包括文学类课程和中华文化类课程。

1. 新修订的人才培养方案的横向比较

研究发现，在通识教育必修课的文化类课程中，暨南大学只开设了中国概况这门课程，而华侨大学开设中国历史、中国国情、中国文化概论和生命关怀与心理健康4门课程，并且华侨大学通识教育选修课也是以文化类课程为主，须修读6学分，以加强对文化类课程的重视。

在基础教育必修课/专业教育必修课、专业基础课/专业核心课的比较中，华侨大学的语言类课程主要包括初级、中级汉语的听力、口语、阅读、写作，初级、中级、高级汉语综合，以及现代汉语词汇、语法等课程，语言类课程内容较为单一，并且在华侨大学的总体课程中所占学分的比例已超过60%，占比之高，可见华侨大学非常重视华文教育本科专业学生汉语技能的培养和训练，侧重语言能力培养，尤其是语言应用能力。暨南大学此类课程则丰富多样，不仅有基础写作、现代汉语概论、语言学概论、古代汉语等必修课程，而且在基础教育选修课程（详见表5-6）中设置了汉语言知识群、语言学知识群、汉语言能力培养环节等课程，既重视学生汉语技能的培养，设置初级、中级、高级汉语课程，其中初级汉语的两门课程多达20学分，能满足汉语水平较弱学生的需求，又开设应用写作、汉语交际、报刊阅读等汉语言能力培养课程，并且课程范围涉及旅游、商贸等领域。

文学文化类课程，暨南大学在基础教育课程中设置中国现当代文学、中国文化概论、中国古代文学、跨文化交际课程，并且在基础教育选修课程中设置了文学文化知识群，共计13门课程。华侨大学在专业基础课/专业核心课中未设置文学文化类必修课程，并把其中的中国现当代文学、中国古代文学、跨文化交际3门课程归入专业选修课的文学文化类课程，只在专业选修课中开设，此类课程共计19门。笔者对暨南大学与华侨大学文学文化类选修课程设置进行了比较，详见表5-7。暨南大学以中国文学为主，而华侨大学除了文学类课程，还设置了中国经济、当地世界与中国、中国近现代史等社会文化相关课程，以及手工制作、中华武术等才艺课程。华侨大学文学文化类课程相对较多，但课程门数低于语言类课程，高于教育类课程和实践类课程，课程内容之间也缺乏显著差别。

表5-6　暨南大学基础教育选修课程的语言类课程情况表

基础教育选修课类别	课程名称	学分
汉语言知识群	初级汉语Ⅰ	10
	初级汉语Ⅱ	10
	中级汉语Ⅰ	8
	中级汉语Ⅱ	8
	高级汉语Ⅰ	8
	高级汉语Ⅱ	8
	汉字基础	2
	汉字文化	2
	旅游汉语	2
	商贸汉语	2
	职业汉语概论	2
	现代汉语语法偏误分析	2
语言学知识群	现代汉语修辞	2
	现代汉语词汇	2
	现代汉语语音	2
	现代汉语语法	2
汉语言能力培养环节	初级汉语写作	2
	应用写作Ⅰ	2
	应用写作Ⅱ	2
	汉语阅读Ⅰ	4
	汉语阅读Ⅱ	4
	报刊阅读Ⅰ	2
	报刊阅读Ⅱ	2
	汉语交际Ⅰ	3
	汉语交际Ⅱ	3
	汉语交际Ⅲ	3
	汉语交际Ⅳ	3
	汉语正音	1
	汉语泛读Ⅰ	4
	汉语泛读Ⅱ	4

资料来源：根据人才培养方案整理

表5-7　暨南大学与华侨大学文学文化类选修课程设置比较

类型	课程名称
暨南大学 （基础教育选修课的文学文化知识群）	中国文学经典选读Ⅰ、中国文学经典选读Ⅱ、中国民俗、儿童文学、国学经典导读、中国城市文化、汉语表演、中国现当代文学导读Ⅰ、中国现当代文学导读Ⅱ、中国古代文学导读Ⅰ、中国古代文学导读Ⅱ、中国古代文学导读Ⅲ、语言与文化
华侨大学 （专业选修课）	中国现当代文学、中国古代文学、跨文化交际学、国学经典选读、中国音乐、中国民族乐器演奏、中国画、中国民族舞蹈、手工制作、中国书法、中华武术、中国地理、中国近现代史、汉字文化、中国民俗、中国经济、当代世界与中国、新闻阅读、中国哲学

资料来源：根据人才培养方案整理

　　教育类课程设置能帮助华文教育专业学生确立热爱华文教育事业的专业思想，树立正确的教育观念，掌握教育教学的基本规律及其技能、技巧，形成基本的教育教学能力。[①]暨南大学在专业必修课中开设教育学原理、普通心理学、现代教育技术、华文教学法、华文教育概论5门课程；而华侨大学学科基础课和专业必修课中开设有教育学原理、华文教育概论、教育心理学、汉语教学法4门必修课，主要是教育方面的基本理论，属于教育理论的基础知识。暨南大学还开设华文教育专业技能训练、三笔字和简笔画、华文模拟教学、经典诵读等教学技能必修课。可见，教育类相关课程中，必修课的理论课大体相同，华侨大学将现代教育技术课程放在专业选修课中，将教学技能的课堂模拟教学也放在选修课中。暨南大学更强调学生对华文教育专业技能的训练，尤其重视未来教师基本功的训练，如三笔字和简笔画。在对教育学类相关选修课程设置的考查中，华侨大学与暨南大学也存在较大差异，详见表5-8。

---

①参见周晓红、李天鹰：《高师教育类课程改革的构想》，《课程·教材·教法》2000年第5期，第51页。

表5-8　暨南大学与华侨大学教育学类相关选修课程设置比较

学校		课程名称
暨南大学 （专业教育 选修课）	教育学心理学知识群 （10门）	华文教育心理学、第二语言习得理论、教育统计、学习论、教育管理学、儿童心理学、中外教育思想史、心理咨询与辅导、教育案例分析、教学测量与评价
	教学技能知识群 （7门）	华文教学视频制作、教师口语、华文教材教法、华文趣味教学法、教案设计与评价、科学发声和嗓音保护、教师职业道德与修养
	创新创业知识群 （4门）	青少年情绪管理专题、班级管理与活动设计、多媒体教学资源设计、中文教学教具设计
华侨大学 （专业选修课）（6门）		儿童心理学、汉语作为第二语言的语言技能教学、汉语作为第二语言的语言要素教学、汉语作为第二语言的课堂案例分析、课堂模拟教学、现代教育技术

资料来源：根据人才培养方案整理

　　暨南大学教学法类课程开设了华文教材教法、华文趣味教学法、第二语言习得理论、教育案例分析、教案设计与评价等，有效针对华文教育这一特定本科专业，涵盖了理论应用、实践运用，以及具体的案例分析等方面。教育学类课程有中外教育思想史、教学测量与评价、教育统计、教育管理学、学习论、儿童心理学等，内容更加丰富多样，以及在创新创业知识群里设置中文教学教具设计等课程。而华侨大学的教育学类课程选修课则只有儿童心理学和现代教育技术两门课程，而教学法则主要是基于汉语作为第二语言的语言技能教学、语言要素教学和课堂案例分析，专门针对华文教育本科专业本身并未开设教学法类课程，一定程度上弱化了华文教育的师范专业特色。华侨大学的教育类课程选修课开设的门数和所占学分都偏少，与语言类课程门数相比，略显不足。可见，暨南大学教育类课程种类丰富，门类开设范围广，涉及教育理论、教学法、教育技术等方面，体现其重视"教师职业"特性。

　　落实到实践教学环节的横向比较，暨南大学实践类课程纳入专业必修课范畴。其类型主要包括华文教学见习、毕业实习、论文写作、学年论文和毕业论文，既有见习，也有实习和毕业论文等形式，实习的形式多种多样。暨南大学专门拟订了华文教育专业教师职业技能训练方案，采取课内外结合，全面培养学生的职业技能，作为对课程体系的支撑与补充。

华侨大学则将实践类课程分为专业实践和社会实践两大类，其中专业实践包括毕业论文和教学实习，还有语言实践、社会调查与华文教育考察项目；社会实践包括创新创业实践（华文教育项目策划与实践）和社会公益服务。笔者进一步发现，华侨大学的实践类课程较为丰富，重视学生实践能力培养。两所学校作为创新创业教育示范校，推进创新创业教育与专业教育的深度交叉融合，挖掘和充实各类专业课程的创新创业教育资源，面向学生开好创新创业教育专门课程。两所学校都强调在课程体系中融入创新创业教育，各有侧重。暨南大学华文教育专业在基础教育选修课中开设汉字奇妙乐园、职业汉语体验、多元文化工作坊，在专业教育选修课中开设青少年情绪管理专题、班级管理与活动设计、多媒体教学资源设计等课程。而华侨大学则设置创新创业教育与专业教育融合类课程，其中多数为专业选修课，如"互联网+：引论、创新与创业"。

2. 初办华文教育专业的人才培养方案的横向比较

2005年暨南大学开办华文教育专业，作为全国首家开办此专业的院校，当时仍处于探索阶段。校公共基础必修课以文化类课程为主，如当代中国概论、思想道德修养、中国近现代史纲要、中国传统文化、法律基础。专业基础课则以语言类课程为主，既有基础写作、汉语语音、汉语阅读、汉语综合，也有古代汉语、现代汉语概论、高级汉语、应用写作等汉语知识与技能课程。专业选修课的语言类课程，则有汉字理论与应用、教师口语、汉语虚词、HSK辅导等课程。华侨大学2006年开办华文教育本科专业。校公共课都是语言类课程，既有基础汉语、基础口语、基础听力、基础阅读，也有中级汉语、中级口语、中级听力、中级写作、中级阅读，还有高级汉语、高级口语、高级听力等课程。学科基础课/专业课包括古代汉语、现代汉语修辞、现代汉语语法、现代汉语词汇等课程。综合考查华侨大学的校公共课、学科基础课和专业课的课程设置比例，语言类课程比例都很高。其中，校公共课课程类型中语言类课程，包括初级、中级、高级三个层次的汉语课程，重点培养华文教育本科专业学生的听、说、读、写和综合能力。专业课模块的语言类课程则培养学生的汉语系统理论知识。可见，暨南大学的语言类课程较为丰富、专业口径较宽，而华侨大学的语言类课程集中于听、说、读、写和汉语综合课，相对来说专业口径较窄。

文学文化类课程的必修课，暨南大学只有中国古代文学、中国现当代文学、海外华文文学、跨文化交际4门课程，并在专业选修课中开设中国民族舞蹈、中国武术、中国书法、中国民俗、中国影视、国画基础等课程。而华侨大学在学科基础课/专业课中设置中国古代文学、中国现当代文学、中华文化，以及中国画、中国经济、中国旅游文化、中国音乐4门素质教育课程，在专业选修课中设置中国民族舞蹈、中华武术、中国书法、中国民俗、中文影视欣赏、中国诗词欣赏、中国戏曲欣赏、汉字文化等课程。横向比较可见，两所学校初办华文教育专业时的文学文化类课程设置大体相同。

暨南大学华文教育本科专业[1]教育类课程设置，主要包括教育学类课程、华文教育类课程、儿童教育类课程、心理学类课程、教学法类课程5个类别的专业必修课、专业选修课。而华侨大学的学科基础课/专业课有教育学、心理学、华文教育概论、第二语言教学法等必修课；在专业选修课中则包括儿童教育活动设计与指导、儿童心理学、手工制作、教育管理学、现代教育技术、心理咨询与辅导。

对比教育类课程设置，详见表5-9。暨南大学的课程设置丰富，而且培养层次较清晰，而华侨大学初办华文教育本科专业的教育类课程较为单一，局限于"老三门"（教育学、心理学、教育心理学）和偏重儿童教育活动的选修课。实践教学环节方面，暨南大学为4学分的教学实习和6学分的毕业论文，华侨大学为3学分的毕业实习、2学分的教育实习和10学分的毕业论文，此类课程设置基本相同。暨南大学有针对性地实施教师职业技能训练方案，作为课程体系的支撑与补充，课内外结合。

---

[1]此处以华文教育专业中级汉语水平的人才培养方案为研究样本。

表5-9　暨南大学与华侨大学初办华文教育本科专业教育类课程设置比较

学校	课程类型	必修课	选修课
暨南大学	教育学类课程	教育学原理 教育管理学 学习论 教育测量与评价 教育统计	中外教育思想史 比较教育学
	华文教育类课程	华文教育学 华文教育心理学 华文教学论 华文教材编写与教法	华侨华人概况 世界华文教育现状
	儿童教育类课程	儿童心理学	学前教育 儿童文学 手工制作 幼儿园教育活动设计与指导
	心理学类课程	普通心理学 心理咨询	—
	教学法类课程	二语习得理论 华文教学法 课堂模拟教学	汉语教学语法
华侨大学	—	教育学 华文教育概论 心理学、教育心理学 第二语言教学法 课堂模拟教学	儿童教育活动设计与指导 儿童心理学 手工制作 教育管理学 现代教育技术 心理咨询与辅导

资料来源：根据人才培养方案整理

3. 暨南大学与华侨大学华文教育本科专业课程内容比较

真正支撑课程体系发展的关键因素是课程体系内部合理的逻辑结构，这一因素要求不仅要从学科教学的专业需要出发考虑课程体系的逻辑结构，还要考虑课程体系内部各类课程的关联度。①根据以上的横向比较，以新修订的人才培养方案中各课程内容（指"门数"）所占华文教育本科专业课程总门数的比例（见表5-10），进一步分析两所学校华文教育本科专业的异同与课程设置特征。

表5-10　暨南大学与华侨大学课程内容比较

课程类型	暨南大学		华侨大学	
	门数（101）	百分比	门数（80）	百分比
语言类课程	36	35.6%	28	35%
文学文化类课程	21	20.8%	26	32.5%
教育类课程	30	29.7%	10	12.5%
实践类课程	5	5%	4	5%
其他	9	8.9%	12	15%

备注：百分比是课程门数百分比，即某类别课程门数占总门数的比例。该表格没有选择开课情况作为统计，是因为选修课的开课情况无法预知，并且暨南大学规定了各知识群的最低修读要求，其他由学生自行选择；考虑统计因素，以相关类别课程门数为统计依据。

资料来源：根据人才培养方案整理。

纵向比较来看，暨南大学语言类课程占比最高（35.6%），其次是教育类课程（29.7%），再就是文学文化类课程（20.8%），除其他课程以外，实践类课程占比最低（5%）。华侨大学的课程设置中，语言类课程比例最高（35%），并且必修课学分在总学分（145学分）占比超过60%，近三分之二的学分侧重语言应用能力的培养；除此之外，文学文化类课程占到32.5%，教育类课程比例占到12.5%，其他课程比例有15%，而实践类课程比例只有5%。可见，华侨大学华文教育本科专业的课程体系结构不尽合理，本科生的各种能力没有得到均衡培养，体现出"强语言、重文化、弱教育"特征，强化语言能力培养、文学文化类知识的传授，而弱化实践能力与教学技能培

①参见鲁静：《我国教师教育课程体系的历史和逻辑分析——以华东师范大学为例》，《教师教育研究》2010年第5期，第71页。

养。当教育类课程与语言类课程、文学文化类课程等专业课程发生冲突时，都会选择牺牲教育类课程，而增加其他类别的专业课程。这是基于一种错误观念，认为大学的职前培养教给学生的是可以享用整个教师生涯的专业知识①。

横向比较来看，语言类课程门数占比都是35%左右，但是暨南大学的总学分（160学分）中，语言类课程的必修课只占到15学分，语言类课程的选修课由学生自行选择。选课灵活度与学生水平的多样性匹配，进一步体现分层分类培养。文学文化类课程的占比，华侨大学（32.5%）比暨南大学（20.8%）多了近12%，而暨南大学的教育类课程（29.7%）是华侨大学（12.5%）的两倍多。可见，暨南大学语言类课程、教育类课程、文学文化类课程内在梯度结构合理，所占比例相近。实践类课程，包括教学实习、语言实习、毕业实习、毕业论文等。两所学校的实践类课程门数占总课程门数的比例都是5%；实践类课程学分占总学分的比例分别是6%、10%，是这五类课程类别中比例最低的，侧面反映出重视程度不够。作为"应用型人才"培养定位的华文教育本科专业，在人才培养目标中并没有对所应具备的实践能力提出明确的要求。作为未来的华文教师，其必定要参加实习。教学实习的开展，能促进华文教育专业的学生熟悉并掌握华文教育教学工作规律，可见其重要性，但是学分比例之低在一定程度上反映出目前两所学校对学生实践能力的重视程度仍有待提高。

三、课程设置的讨论与思考

合理的课程设置能培养出合格的准华文教师。课程设置是教育活动的重要依据，是人才培养模式的重要基础，与学生的知识、能力、素质结构存在着密切的关联。从两所承办华文教育专业高校课程设置的纵向、横向比较中，研究发现，他们从各自的专业人才培养目标出发，不断对人才培养方案加以修订完善，对华文教育本科专业课程体系进行了大幅度的调整优化。这不但能充分体现华文教育本科专业的优势和特点，又能避免和现实脱节。人

---

①参见万明钢：《教师教育课程体系研究——以师范大学教育学院教师教育课程体系建构为例》，《课程·教材·教法》2005年第7期，第85页。

才培养方案设计是以支撑华文教育本科专业的学科为逻辑起点，课程设置自身逻辑注重学生基础理论和基础知识的获得，以及教学技能的掌握。通过以上分析——横向的比较与纵向的比较，笔者发现，暨南大学与华侨大学在华文教育本科专业的课程设置上各有侧重，各有其特点。主要体现在以下几个方面。

第一，对于合格华文教师培养的专业素质养成来说，课程设置引导方面略显不足。根据在"什么知识最有价值"这一问题上的认识差异，可以将人才培养模式分为"学术定向模式"和"职业定向模式"。①华文教育本科专业的课程设置更倾向于促使学习者获得在某一特定职业——华文教师中所需要的专门技能为目的。华侨大学的课程设置强调汉语能力培养，语言类课程门数高达28门，包括初级、中级汉语的听力、口语、阅读、写作，初级、中级、高级汉语综合，以及现代汉语词汇与语法等课程，但是此类课程较为单一。选课灵活度应与学生水平的多样性相匹配，进一步体现分层分类培养与开放式培养方式相结合。暨南大学的课程设置则体现出语言、文学与教学的共同发展、齐头并进，能基本满足华文教育专业的培养需求。其中，语言类相关课程丰富多样，既重视学生汉语技能的培养，设置初级、中级、高级汉语课程，又开设应用写作、汉语交际、报刊阅读等汉语能力培养课程；教育类相关课程种类丰富，门数多，体现其重视教师职业特性，以满足学生职业发展作为其主要目标，以掌握教育教学理论为前提，整合重复交叉课程内容。而文学文化类课程，华侨大学相对较多，但课程之间缺乏显著差别，应适当增加中华才艺方面的课程，如太极、武术等。华侨大学华文教育本科专业师范特性突出不明显，虽然其培养目标定位于师范应用型人才，但是在课程设置中主要还是语言类课程。华文教育本科专业培养的是准华文教师，而不是类似汉语言专业的语言生。因此，从合格华文教师专业素质养成的角度来思考，应该适当压缩或减少语言类课程，与之相应地，应该增加教师技能培养、教育实践之类的课程比重。

语言类课程、文学文化类课程和教育类课程并行。华文教育本科专业学生在校学习期间，核心在于培养其汉语水平、中华文化知识和教学理论素

①魏所康：《培养模式论——学生创新精神培养与人才培养模式改革》，东南大学出版社2004年版，第45页。

养。这是"宗"，具体的教学能力其实都是"万变"。华文教育本科专业的课程设置，在与学生知识、能力和素质等专业培养标准内涵的具体匹配中，其贡献程度不同，但其目的是促进学生的全面发展。进一步探讨，应将专业人才培养目标细化并对应学生的发展。学生的发展包括知识、能力、素质等各方面，要有针对性地建立课程设置、培养途径与学生能力的矩阵图，以及建立各门课程与预期学习结果的矩阵图。[①]知识通过理论课教学基本能够达到，但要把掌握的知识转换为能力，以及经过长时间后转化为素质，则并非易事。所以，课程设置中的语言类课程、文学文化类课程、教育类课程应同行并进。现有课程设置对人才培养的"汉语知识与应用"与"汉语交际能力"强化的匹配度较高，这是因为语言能力是首要的，而对"汉语教学能力""文化认同教育"呈现较弱态势。从课程设置的内容及门数可得知，不能将教育类课程、实践类课程作为点缀。毕竟，海外华文教学以初级为主，对汉语水平要求没有那么高，对趣味教学更重视，课程设置应围绕语言、教学、文化认同这三方面努力。[②]这在后续的课程设置中都需要加强。在课程设置中结合学生的知识结构，以及听、说、读、写、译等技能训练，融入学生教学能力培养，增加文学文化课程和教育类课程，以及在教学中处理好汉语教学技能训练、跨文化交际和师范技能训练的关系已是重点。

第二，从合格华文教师培养的教学能力训练来看，"重学轻术"倾向明显，弱化未来华文教师实践技能培养。侧重进行基础理论的培养，而忽视实践经验的训练。华文教育本科专业主要培养应用型人才，课程设置要秉承综合性与实践性的统一。课程结构的单一性往往导致能力的单一，不利于学生综合能力的培养。从培养标准和培养目标出发，应加强实践性教学环节在课程体系的比重，增加学时数，尤其是教育实习时数。实践类课程比例偏低，教育实践时间不足，这从教育类课程、实践类课程的开设内容与门数等方面就可以看出。两所学校实践类课程门数占总课程门数比例都为5%，而暨南大

---

① 参见廖春华等：《本科人才培养质量标准研制路径探析——基于PDCA循环理论的视角》，《教育发展研究》2014年第21期，第27页。
② 参见周东杰：《华文教育师范生培养方案实证研究——以华侨大学为个案》，华侨大学2016年硕士学位论文，第52页。

学实践学分为16学分，占总学分的10%，华侨大学专业实践学分为14学分，占总学分的比例不够10%。暨南大学的教育实习①为144学时、华文教育见习②为72学时（折算共计7周），加上"华文教育本科专业教师职业技能训练方案"。而华侨大学教学实习只有两周③，加上两周的语言实践、3周的社会调查和5周的华文教育项目策划与实践，而真正深入课堂实践的时间则很短④。

　　教育实践作为华文教育本科专业不可或缺的重要教学环节，在实践的环境中，让学生能接触真正的课堂，而不是仅仅模拟教学或微型教学。教育实习被认为是联系理论与实践的桥梁，是促进职前华文教师专业化发展的重要途径。实际情况存在教育实习流于形式现象，华文教育本科专业教育实习的时间相对短暂，结果往往是学生刚刚进入角色，教育实习便宣告结束，学生并没有在教育实习中得以锻炼。实践能力不足，会导致学生走上讲台后无所适从。按照中国教育部制定的《教师教育课程标准（试行）》，对教育实践有明确要求，教育实践应包括教育见习、教育实习等，规定不少于18周。从上述教育实习的学分、学时等的统计中可以看出，与标准要求相差甚远。因此，非常有必要延长教育实践时间，建立科学、规范、严格的评价体制，加强实践技能训练，以及拓展稳定的海外教育实践基地。

　　第三，从华文教育本科专业的"国标"来看，课程设置规范与专业培养目标存在差异。多样性课程体系，应体现因材施教的原则。课程设计要贯穿以学生发展需求作为出发点的设计理念，在类型、形式与内容等方面要适应学生多样化的发展要求。⑤对照专业类"国标"规范，华文教育本科专业应开设第二语言教学论、综合汉语、汉语听力、汉语口语、汉语阅读、汉语写作、汉英语言对比、英语听说与写作、现代汉语、古代汉语、中国古代文

---

①教育实习是回学生所在国分散实习5周时间。

②教育见习是集中安排，去周边学校观摩加院内观摩，每周2课时，共计16周。

③经与专业负责人交谈，目前校外实习为期2周，内容为幼儿园、小学听课见习各一周。在实习结束后，提交实习报告等实习材料。

④目前的实习主要是学校统一安排，以及学生自主实习，包括校内实习和校外实习两种方式。目前校内实习共计6周，以听课、试讲、编写教案为主。在跟相关人员的访谈与查阅资料中，2016届毕业生只有校内实习，并且实习时间短，听课次数只有三次，每次仅有两小时。

⑤参见刘英、高广君：《高校人才培养模式的改革及其策略》，《黑龙江高教研究》2011年第1期，第129页。

学、中国现当代文学、中华文化、外国文学、对外汉语教学法等。[①]上述课程，目前暨南大学和华侨大学在人才培养方案中大部分都已有设置，除了英语听说与写作、汉英语言对比、外国文学这三门课程。华文教育本科专业是培养海外的华文师资，上述三门专业主干课程作为专业类"国标"中专业课程设置的指导性要求是否妥当，值得深思。在此问题上，有研究者曾明确表示不应该开设英语课程，因为相对于他们的母语来说，汉语就是外语，[②]没有必要让学生花费宝贵的时间和精力用于英语学习。也有研究者提出可以在专业选修课中开设适当的英语课程。这主要是基于未来华文教育会存在于国际学校、三语学校，或者依附本土学校。面对多种多样语言背景的学生，在华文学校即便不把华语作为唯一教学媒介语言，懂一点英语之类的国际通用语，也有助于更好地开展华文教学工作。[③]实际情况是，暨南大学2005级华文教育本科专业人才培养方案在专业选修课中安排了英语课程，课程门数仅有2至4门[④]。

对照"国标"的具体培养要求，课程设置都是人才培养目标确定的后续行动。以往我们的课程体系的修订完善，很多时候是表面上的增补删减，而没有以学生根本利益发展为取向。对于一些内容过时、重复设置的课程，本应该将其淘汰，但是由于担心触碰到部分教师的利益，[⑤]只是"换汤不换药"，依然保留。课程设置的根本出发点，要有利于学生知识体系的掌握、实践能力的培养，以及满足多样化需求。课程设置的逻辑顺序主要以学生发展需要作为自身的逻辑起点，遵循"学生—大学—社会（市场）—国家"的逻辑顺序，才能促进学生的发展。[⑥]培养目标的差异或者"偏差"，会引起不同

①教育部高等学校教学指导委员会：《普通高等学校本科专业类教学质量国家标准（上册）》，高等教育出版社2018年版，第71页。

②郭熙：《华文教育专业建设之我见》，《暨南大学华文学院学报（华文教学与研究）》2009年第1期，第11页。

③参见周东杰：《华文师范生培养的课程设置比较研究——以暨南大学和华侨大学为例》，《世界华文教学》（第三辑），社会科学文献出版社2017年版，第144页。

④2005级华文教育专业人才培养方案，初级汉语水平的英语类课程有两门，中级汉语水平的英语类课程有4门。

⑤参见高江勇、周统建：《大学课程改革究竟需要改什么?》，《中国大学教学》2018年第5期，第44页。

⑥参见张忠华：《关于大学课程设置的三个问题》，《大学教育科学》2011年第6期，第31页。

利益相关者诉求的冲突。如何解决华文教育专业的"教师专业化训练课程与汉语基础知识培养课程之间的矛盾"，也是值得思考的问题。在学分要求[①]保持一定总数的情况下，如果以满足学生的职业需求，顺应海外华文师资急缺的诉求为旨归，就应大量增加语言、文化等课程，要求学生掌握汉语并能熟练运用汉语进行交际；如果强调学生的长远发展，则需要从一名合格师资的培养，从华文教育本科专业培养标准的角度来加强与东南亚等海外华文学校的沟通交流，从促进学生发展的层次合理设置课程，增加教育学、心理学、教学法等课程。

第二节　以专业人才培养标准顶层设计统筹课程体系

　　基于人才培养目标的审思，围绕华文教育本科专业建立多方主要利益相关者的协调机制，各自的利益要求及各自立场的分化对于华文教育专业人才培养模式改革来说，既有推动也有抵消，尤其学生基于就业和个人专业发展利益要求分化、学校办学使命与人才培养多重任务的分化与平衡，以及政府的国家战略现实需要与履行监管职责的合理性逻辑的分化，以各自认为合理的逻辑开展教学行为或行动，其背后的逻辑则是从宏观层面的国家战略与办学使命，到中观层面的专业人才培养目标，再到微观层面的课程体系。为此，在调研各年级同学的专业学习需求、了解其对现有课程体系与课程设置的看法基础上，充分分析教学管理人员对课程设置的意见，尽可能协调政府、学校和学生各方的立场，结合华文教育本科专业人才培养标准的内涵，从合格的华文教师培养的角度，顶层设计统筹华文教育专业课程体系设置，

---

①暨南大学规定学分总数为160学分，华侨大学规定毕业最低毕业学分总数为145学分。

以清晰的课程建设理念构建课程体系设置的新思路，对华文教育专业的课程体系开展系统化改革。本质上，课程改革目标主要是如何实现在有限的课程容量下，最大程度地开发、拓展学生潜能，使学生不断地自我发展、自我成长，逐渐成为能自我实现的人。[①]要促进学生的全面发展，将学生发展的知识、能力、素质等各方面目标，与课程设置的各门课程间建立起预期学习效果的矩阵图，有赖于每一门具体课程内容，以及课程设置的整体质量。

人才培养标准目标的实现矩阵的组织结构，主要是用行表示课程设置这一实现途径（具体各门课程，包括理论课程、实践课程、实习环节等）和用列表示的专业培养标准（知识、能力、素质等）等各方面目标，构成纵横融合的组织结构。按照顶层设计的思路，依据系统管理过程理论对人才培养目标与培养目标的各层次、各要素进行统筹，规划课程设置，有效地实现培养目标。人才培养标准的目标实现矩阵介于培养目标和课程设置之间。从课程体系设计层次，将华文教育本科专业的课程设置与培养标准（见表4-5）的专业知识与理解、专业能力与应用、专业素质与职责的各级指标做具体课程的匹配（见表5-11），建立具体的课程目标并使其成为可测量的人才培养方案的有效手段，呈现人才培养的整体关联性、顶层简明性等优势，使学生培养的各项知识、能力与素质向更细化层面进一步延伸与提炼。笔者主要分析新修订的人才培养方案[②]的课程体系与华文教育专业培养标准之间的关联性，以及进一步思考后续该如何改进。

在此，需要交代具体的背景，暨南大学华文教育本科专业在原有人才培养的基础上，积极探索分层教学、分类培养理念的新路径，丰富人才培养类型。主要是在基础教育选修课程（汉语知识与技能知识群、语言教学知识群、学前儿童语言教育知识群、学科教学知识群和创新创业知识群）和专业教育选修课程（语言教学知识群、学前儿童语言教育知识群、学科教学知识群和创新创业知识群）中，引入主修模块机制，规定各类课程最低学分要求，探索"通才+专才"培养模式。根据培养目标和毕业要求，通过选课地

①高江勇、周统建：《大学课程改革究竟需要改什么？》，《中国大学教学》2018年第5期，第46页。
②考虑两所学校课程设置的差异性，选择暨南大学华文教育本科专业最新修订的2019级华文教育本科专业人才培养方案的课程设置作为研究对象，这是考虑其按照最新的指导思想，与第二章的课程设置的对比略有不同。

图，指引学生科学选课，探索"必修+导向性选修+自由选修"相结合的选课模式①，其目标在于A层次以学科教学为主，B层次以学前儿童语言教育、语言教学为主，C层次则是重点培养语言教学。

表5-11　华文教育本科专业课程设置与人才培养标准匹配情况表

一级指标	二级指标	三级指标	课程名称	课程性质	学分	学时	
						理论学时	实践学时
专业知识与理解	汉语知识与应用	掌握汉语语音、词汇、语法、修辞和汉字的基本知识，并能运用于教学实践	汉语正音	基础教育必修课	1	——	36
			现代汉语概论	基础教育必修课	4	72	——
			语言学概论	基础教育必修课	2	36	——
			初级汉语Ⅰ	基础教育选修课	10	180	——
			初级汉语Ⅱ	基础教育选修课	10	180	——
			中级汉语Ⅰ	基础教育选修课	8	144	——
			中级汉语Ⅱ	基础教育选修课	8	144	——
			高级汉语Ⅰ	基础教育选修课	8	144	——
			高级汉语Ⅱ	基础教育选修课	8	144	——
			现代汉语拼音	基础教育选修课	2	36	——
			现代汉语词汇	基础教育选修课	2	36	——
			现代汉语语法	基础教育选修课	2	36	——
			现代汉语修辞	基础教育选修课	2	36	——
			现代汉语语法偏误分析	基础教育选修课	2	36	——
			新HSK（中国汉语水平考试）词汇语法	基础教育选修课	2	36	——
		了解一定的古代汉语知识	古代汉语	基础教育必修课	2	36	——
			汉字文化	基础教育选修课	2	36	——
			汉语成语与民间故事	基础教育选修课	2	36	——

①暨南大学华文教育本科专业要求修读共计160学分，包括56学分的必修学分，30学分、18学分、10学分的基础教育、专业教育和通识教育选修学分，以及剩余46学分的任意选修学分。

（续表）

一级指标	二级指标	三级指标	课程名称	课程性质	学分	学时	
						理论学时	实践学时
专业知识与理解	汉语教学知识	掌握教育学基础知识和基本原理，了解教育的本质和教学原理，理解华文教育性质和内涵	教育学原理	专业教育必修课	2	36	——
			华文教育概论	专业教育必修课	2	36	——
			学前教育学	专业教育选修课	2	36	——
			教育管理学	专业教育选修课	2	36	——
			华侨华人研究	专业教育选修课	2	36	——
			中外教育思想史	专业教育选修课	2	36	——
			幼儿园课程与管理	专业教育选修课	2	36	——
			学前儿童教育名著导读	基础教育选修课	2	36	——
		了解心理学的基本原理，掌握学习心理特点和学习能力发展规律	普通心理学	专业教育必修课	2	36	——
			教育心理学	专业教育选修课	2	36	——
			华文教育心理学	专业教育选修课	2	36	——
			学前心理学	专业教育选修课	2	36	——
			学习论	专业教育选修课	2	36	——
			青少年情绪管理专题	专业教育选修课	2	36	——
			心理咨询与辅导	专业教育选修课	2	36	——
			学前儿童行为观察与分析	专业教育选修课	2	36	——
			学前儿童心理咨询与评估	专业教育选修课	2	36	——
			学前特殊儿童心理与教育	专业教育选修课	2	36	——
		了解第二语言习得的基础知识，熟悉第二语言教学法的基本原则与具体方法	第二语言习得理论	专业教育必修课	2	36	——
			华文教学法	专业教育必修课	2	36	——
			语文教学专题	专业教育选修课	2	36	——
			地理教学法	专业教育选修课	2	36	——
			历史教学法	专业教育选修课	2	36	——
			华文趣味教学法	专业教育选修课	2	36	——
			蒙学经典导读	基础教育选修课	2	36	——

（续表）

一级指标	二级指标	三级指标	课程名称	课程性质	学分	学时	
						理论学时	实践学时
专业知识与理解	中华文化知识与跨文化交际	了解中华文化基本知识，理解中国文学、历史、哲学、宗教、民俗、地理的基本知识和中华文化的特点	中国古代文学	基础教育必修课	2	36	—
			中国古代文学导读Ⅰ	基础教育选修课	2	36	—
			中国古代文学导读Ⅱ	基础教育选修课	2	36	—
			中国文学经典选读Ⅰ	基础教育选修课	2	36	—
			中国文学经典选读Ⅱ	基础教育选修课	2	36	—
			文学概论	基础教育选修课	2	36	—
			国学经典导读Ⅰ	基础教育选修课	2	36	—
			国学经典导读Ⅱ	基础教育选修课	2	36	—
			中国古代小说赏析	基础教育选修课	2	36	—
			古典诗词鉴赏	基础教育选修课	2	36	—
			现代汉语诗歌鉴赏	基础教育选修课	2	36	—
			中国民俗	基础教育选修课	2	36	—
			中国历史概况	基础教育选修课	2	36	—
			中国地理概况	基础教育选修课	2	36	—
			历史专题	基础教育选修课	2	36	—
			地理专题	基础教育选修课	2	36	—
		了解当代中国社会政治、经济、文化的基本情况，理解中国现当代文学发展，能客观、准确地介绍中国	中国概况	通识教育必修课	2	36	—
			中国文化概论	基础教育选修课	2	36	—
			中国现当代文学	基础教育必修课	2	36	—
			中国现当代文学导读Ⅰ	基础教育选修课	2	36	—
			中国现当代文学导读Ⅱ	基础教育选修课	2	36	—
			儿童文学概论	基础教育选修课	2	36	—
			儿童文学导读	基础教育选修课	2	36	—
		具有跨文化意识，并熟悉中华文化与所在国文化的差异	跨文化交际	基础教育必修课	2	36	—
			海外华文文学	基础教育选修课	2	36	—
			中国城市文化	基础教育选修课	2	36	—

（续表）

一级指标	二级指标	三级指标	课程名称	课程性质	学分	学时	
						理论学时	实践学时
专业能力与应用	汉语交际能力	听力理解：整体理解特定语境中较长语段的主要内容和标准汉语的通知、新闻和节目	汉语交际Ⅰ	基础教育选修课	3	——	108
			汉语交际Ⅱ	基础教育选修课	3	——	108
			汉语交际Ⅲ	基础教育选修课	3	——	108
			汉语交际Ⅳ	基础教育选修课	3	——	108
		口头表达：用较标准的汉语进行课堂语言示范，针对一般性主题进行成段表达	朗诵与演讲	基础教育选修课	2	——	72
			旅游汉语	基础教育选修课	2	——	72
			商贸汉语	基础教育选修课	2	——	72
		阅读理解：看懂相关专业领域汉语工作文件和较浅显的专业文献	汉语阅读Ⅰ	基础教育选修课	2	——	72
			汉语阅读Ⅱ	基础教育选修课	2	——	72
		书面表达：撰写600字以上表达清楚、语句通顺、语篇连贯的命题文章，以及常用应用文	应用写作	基础教育必修课	2	——	72
			基础写作Ⅰ	基础教育选修课	2	——	72
			基础写作Ⅱ	基础教育选修课	2	——	72

（续表）

一级指标	二级指标	三级指标	课程名称	课程性质	学分	学时	
						理论学时	实践学时
专业能力与应用	汉语教学能力	了解华文教学法体系，掌握常用的语音、汉字、词汇、语法等语言要素教学要求，熟悉听说读写言语技能训练的基本方法，能进行有效的教学	经典诵读	专业教育必修课	2	——	72
			三笔字和简笔字	专业教育必修课	2	——	72
			汉语表演	基础教育选修课	2	——	72
			职业汉语体验	基础教育选修课	2	——	72
			汉字奇妙乐园	基础教育选修课	2	——	72
			语言能力测试辅导	基础教育选修课	1	——	36
			阅读教学法	专业教育选修课	2	36	——
			写作教学法	专业教育选修课	2	36	——
			商贸汉语教学	专业教育选修课	2	36	
			旅游汉语教学	专业教育选修课	2	36	
		了解汉语课堂教学特点与规律，教案编写、语言知识讲解、课堂结构及教学案例的内容和方法，具备良好的课堂管理能力	华文模拟教学	专业教育必修课	2	——	72
			华文教学见习	专业教育必修课	2	——	72
			教案设计与评价	专业教育选修课	2	——	72
			班级管理与活动设计	专业教育选修课	2	——	72
			课文教学法	专业教育选修课	2	36	——
			成人教育案例分析	专业教育选修课	2	——	72
			中小学教育案例分析	专业教育选修课	2	——	72
		具备教学与学习知识与技能，熟悉华文教学主要模式，合理制订教学计划，运用教学资源设计教学过程	华文教育专业技能训练	专业教育必修课	2	——	72
			蒙学经典教学设计与指导	专业教育选修课	2	——	72

一级指标	二级指标	三级指标	课程名称	课程性质	学分	学时	
						理论学时	实践学时
专业能力与应用	汉语教学能力	应用多种教学策略，有效地实施教学，组织教学活动，具备调控教学过程、营造学习氛围、激发学生学习兴趣的能力	毕业实习	专业教育必修课	4	—	144
			中文教学教具设计	专业教育选修课	2	—	72
			音乐欣赏与教学	专业教育选修课	2	—	72
			儿童分级阅读专题	专业教育选修课	2	36	—
			幼儿园教学活动指导Ⅰ	专业教育选修课	2	—	72
			幼儿园教学活动指导Ⅱ	专业教育选修课	2	—	72
			幼儿园游戏	专业教育选修课	2	—	72
			幼儿园教玩具设计与制作	专业教育选修课	2	—	72
			幼儿园环境创设与管理	专业教育选修课	2	36	—
		了解汉语教材分析的基本内容，根据课程特点和教学对象恰当选择教材，合理安排教材内容	华文教材教法	专业教育选修课	2	36	—
			绘本设计与教学指导	专业教育选修课	2	—	72
			经典绘本阅读与赏析	专业教育选修课	2	36	—
		掌握常用教育测评方法，能对学生学习表现及教学效果进行客观、全面的测试与评价	教育测量与评价	专业教育选修课	2	36	—
			华文教学测评	专业教育选修课	2	36	—
			儿童教育测量与评价	专业教育选修课	2	36	—
			教育统计	专业教育选修课	2	36	—
		掌握现代教育技术，能较为熟练地把现代信息技术应用于华文教学与其他专业活动中	现代教育技术	专业教育必修课	2	36	—
			多媒体教学资源设计	专业教育选修课	2	—	72
			华文教学视频制作	专业教育选修课	2	—	72

（续表）

一级指标	二级指标	三级指标	课程名称	课程性质	学分	学时	
						理论学时	实践学时
专业能力与应用	跨文化交际能力	具有一定的跨文化交际能力，在华文教学活动中尊重他人文化，妥善处理文化差异	多元文化工作坊	基础教育选修课	2	—	72
		掌握一门华文教学的媒介语，能熟练运用	—	—	—	—	—
	中华才艺展示	具有一定的中华文化才艺展示能力，并能恰当地运用于华文教学	幼儿舞蹈欣赏与创编	基础教育选修课	2	—	72
			幼儿实用美术	基础教育选修课	2	—	72
			儿歌弹唱与伴奏	基础教育选修课	2	—	72
			美术Ⅰ	基础教育选修课	2	—	72
			美术Ⅱ	基础教育选修课	2	—	72
			声乐Ⅰ	基础教育选修课	2	—	72
			声乐Ⅱ	基础教育选修课	2	—	72
			钢琴Ⅰ	基础教育选修课	2	—	72
			钢琴Ⅱ	基础教育选修课	2	—	72
			舞蹈Ⅰ	基础教育选修课	2	—	72
			舞蹈Ⅱ	基础教育选修课	2	—	72
专业素质与职责	职业精神	热爱华文教育事业，热爱华文教师职业	教师职业道德与修养	专业教育选修课	2	36	—
	职业道德	具备从事华文教育工作的职业操守					
	专业意志	理解华文教师的专业职责，熟悉教育政策和法规					

（续表）

一级指标	二级指标	三级指标	课程名称	课程性质	学分	学时	
						理论学时	实践学时
专业素质与职责	身心素质	具有良好的身心素质和积极的人生态度	体育	通识教育必修课	2	——	72
	专业发展意识	具有一定的教学研究能力和专业发展意识，能反思并改进自身的实践，努力寻求专业发展机会	学年论文	专业教育必修课	2	——	72
			毕业论文	专业教育必修课	6	——	216
	沟通能力与行为	具有良好的亲和力和沟通能力，能平等地与他人进行沟通交流	教师口语	专业教育选修课	2	36	——
	专业素养	关心、爱护、尊重学生，关注学生个体差异，做到因材施教	班级管理等教育类课程	——	——	——	——

　　根据研究调查结果得知，华文教育本科专业的基本理论、专业知识、专业技能训练被认为是华文教师应具备的重要素质。汉语知识与应用、汉语教学知识与中华文化知识等二级指标中，都有相应的课程与其对应，专业技能方面则强调汉语听、说、读、写能力，汉语教学能力和与人交往能力的培养，这些是华文教育本科专业学生认为最应具备的重要能力，也是华文教育本科专业学习的重点。在上述的课程体系中，都有与之对应的课程跟其匹配。暨南大学华文教育本科专业多以选修课的形式让学生大量选修，选修课程种类丰富多样，如中国历史概况和历史专题，概况与专题各有侧重，前者强调通识性，后者则是专项深入研讨型。为此，笔者逐一对照培养标准分析课程设置现状，提出统筹课程体系的优化思路。

　　知识是能力和素质培养的重要载体，尤其是掌握本专业所必需的基础知识与基础理论。不同的知识结构具有不同的功能，这其中又包括陈述性知识和程序性知识两种，前者关注"是什么"，后者强调"怎么办"。华文教育本科专业课程体系强调汉语基础知识、汉语教学知识、中华文化知识与跨文化交际。

第一，"汉语知识与应用"二级指标，强调掌握汉语语音、词汇、语法、修辞和汉字的基本知识，并能运用于教学实践，以及了解一定的古代汉语知识。

此模块共计77学分，包括必修课9学分，选修课68学分。对于占绝对数量的C层次学生来说，必修课有汉语正音、现代汉语概论、语言学概论和古代汉语，选修课有初级汉语Ⅰ、初级汉语Ⅱ、现代汉语拼音、现代汉语词汇、现代汉语语法、现代汉语修辞等，共计36学分，其重点是语言教学，初级汉语只是基本的门槛要求，在此模块还需修读中级汉语Ⅰ、中级汉语Ⅱ（共计16学分）等课程作为补充，可见汉语语言知识的掌握，对于C层次学生尤为重要。华文教育本科专业更强调对华文教学的适切性，不同于汉语国际教育所要求的汉语教学水平，更强调在掌握汉语基本知识的前提下，回归华文教育的本质，强调语言加文化教育的功能。如此分量的语言类课程势必会抵减其他类课程的修读，回到最初的问题之上，如何提高录取学生的招生质量才是重点。这是华文教育本科专业的"老大难"，面对不得不开设的课程，在学分总量一定的前提下，势必导致挤占教育学类课程、文学文化类课程的学分比重。

第二，"汉语教学知识"二级指标，强调掌握教育学基础知识和基本原理，了解教育的本质和教学原理，理解华文教育性质和内涵；了解心理学的基本原理，掌握学习心理特点和学习能力发展规律；了解第二语言习得的基础知识，熟悉第二语言教学法的基本原则与具体方法。此模块共计50学分，包括必修课10学分、选修课40学分。必修课有教育学原理、华文教育概论、普通心理学、第二语言习得理论、华文教学法，基本涵盖此指标要求的核心素养。此模块的选修课多以学前教育培养幼儿华文教师为主，多达16学分，其次是教学法与学习论相关课程，共计10学分。对于B层次培养学前儿童语言教育，心理学相关课程有学前心理学、学前儿童行为观察与分析、学前儿童心理咨询与评估、学前特殊儿童心理与教育，课程存在共性与差异。探索三类师资培养，依托三类课程知识群，对于主修类型各有偏重，这是在现有人才培养方案下探索多类型培养的尝试。在保证学生课程修读总限的前提下，现有的师资条件能否保证学前教育相关课程的开设，是教学的难点，也是课程设置求同存异的关键点。

第三，"中华文化知识与跨文化交际"二级指标，强调了解中华文化基本知识，理解中国文学、历史、哲学、宗教、民俗、地理的基本知识和中华文化的特点；了解当代中国社会政治、经济、文化的基本情况，理解中国现当代文学发展，能客观、准确地介绍中国；具有跨文化意识，熟悉中华文化与所在国文化的差异。此模块共计52学分，包括必修课6学分、选修课46学分。必修课有中国古代文学、中国概况、跨文化交际。选修课则强调中国文学、历史、地理、民俗的理解与掌握，不仅开设中国古代文学导读、文学概论、古典诗词鉴赏、中国文化概论、国学经典导读、中国现当代文学、中国现当代文学导读以及海外华文文学等课程，还增设中国文学经典选读、古典诗词鉴赏，不仅提升了学生的阅读能力，还能促使学生更加深刻地理解中国文化。在中国文学经典选读与国学经典导读、古典诗词鉴赏与现代汉语诗歌鉴赏、中国历史概况与历史专题、中国现当代文学与中国现当代文学导读、儿童文学概论与儿童文学导读等课程的内容安排上，需要注意前后内容的衔接与重复问题，不然学生将会选修内容重复交叉的课程。避免教学内容"过多关注传统文化，忽视当今时代的中国文化；文化内容与传统人文精神分散，以物质层面的文化传播为主，较少精神层面与制度层面文化的传播"[1]。尤其要注意课程设置要与海外华侨生活紧密联系，避免陷入课程知识传授单向度的局面，要为学生发展提供重要养料。要使华侨华人的华文水平达到更高层次，华文教师要将自身代入学习者从小生活的文化背景中，了解背景文化与中华文化的差异，了解学生的个性差异，使中华文化精神得到更好的传承和发扬。[2]

能力是从事特定活动所必须具备的学科能力和专业技能的总和。从准华文教师培养的角度，他们今后将从事汉语教学、管理工作。语言作为思维工

[1]沈玲：《新时期海外汉语教育的"四化"》，《扬州大学学报（高教研究版）》2013年第3期，第87页。
[2]崔秀明：《华文教育中的文化教学策略摭谈》，《文教资料》2019年第24期，第178页。

具和交流工具，实际上是自我交流和对外交流的工具。[①]这就要求他们既要具备基本的汉语交际能力，也要掌握汉语教学能力，以及适应教学需要的才艺能力。

第四，"汉语交际能力"二级指标，强调汉语听力理解、口头表达、阅读理解与书面表达等汉语综合能力，是获得汉语基础之后在真实情境下的训练。此模块共计28学分，包括2学分的应用写作这门必修课、26学分的选修课。基础教育选修课包括汉语交际、朗读与演讲、汉语阅读、基础写作等课程，基本涵盖汉语教学的听、说、读、写各方面。有被访谈者提出应增加写作课程，多开展写作方面的训练，特别是学术写作，为学生将来需要的汉语深度表达提供机会。

"跨文化交际能力"二级指标，强调学生具有一定的跨文化交际的能力，在华文教学活动中尊重他人文化，并能妥善处理文化差异，掌握一门华文教学的媒介语，并能熟练运用。课程设置方面，目前开设多元文化工作坊这门选修课[②]。这类课程更多的是在实际中加以应用，无法简单地通过几门课程的授课来实现，但是如何结合汉语交际能力有意识地培养学生的跨文化交际能力，这是后续课程设置需要考虑的重点。培养跨文化交际能力最直接的方式，是通过教育见习、教育实习这一途径，在真实的教育场域，返回学生居住国实习，在华文教学活动中尊重他人文化，并学会妥善处理文化差异。

第五，"汉语教学能力"二级指标，是华文教育本科专业学生专业技能培养的重点。此模块共计79学分，包括必修课16学分，选修课63学分。强调了解华文教学法体系，掌握常用的语音、汉字、词汇、语法等语言要素教学要求，熟悉听、说、读、写等言语技能训练的基本方法，能进行有效的教学。开设经典诵读、三笔字和简笔字两门必修课，还有阅读教学法、写作教学法，涵盖听、说、读、写等言语技能训练，以及语言能力测试辅导等课程帮助学生更有效地进行语言能力训练，并且开设职业汉语体验、商贸汉语教学、旅游汉语教学作为补充。此部分的能力培养相对较强，既有重点也有

[①]郑通涛、郭旭：《"一带一路"倡议下国际汉语人才培养模式研究》，《厦门大学学报（哲学社会科学版）》2020年第1期，第73页。

[②]在创新创业知识群中增设了该门课程。

补充。

有关华文教育专业学生"了解汉语课堂教学特点与规律，掌握教案编写、语言知识讲解、课堂结构及教学案例的内容和方法，具备良好的课堂管理能力"，课程主要包括2学分的华文模拟教学（微型教学）必修课，2学分的华文教学见习必修课，以及教案设计与评价、中小学教育案例分析、成人教育案例分析有关教案编写能力训练的课程，课文教学法等语言知识讲授课程，以及班级管理与活动设计课程，旨在培养学生的课堂管理能力。上述两个部分表明，系统的教师职业技能训练是华文教育本科专业有目的、有计划开展培养活动不可或缺的内容，其主要是引导学生将汉语知识、汉语教学专业知识和教育学、心理学等理论与方法转化为具体的从事华文教育的职业技能，这对于学生教育教学能力形成及毕业后胜任华文教学、管理工作都具有重要作用。

汉语教学能力培养要求"应用多种教学策略，有效地实施教学，组织教学活动，具备调控教学过程、营造学习氛围、激发学生学习兴趣的能力"，其中毕业实习是作为重要环节来检验学生对知识的应用及如何有效实施教学，目前只有4个学分，共计5周，与华文教育本科专业作为师范生培养的目标还相距甚远，这部分内容将在第六章的实践教学部分详细分析。关于组织教学活动能力的培养，有幼儿园教学活动指导、幼儿园游戏、幼儿园教玩具设计与制作、幼儿园环境创设与管理、中文教学教具设计，可见这部分课程多偏向学前教育幼儿华文教师培养，强调调控教学过程，营造学习氛围，激发学生学习兴趣。关于"具备教学与学习的知识与技能，熟悉华文教学的主要模式，能合理制订教学计划，运用教学资源设计教学过程"，从现有课程设置中，2学分的华文教育专业技能训练必修课和2学分的蒙学经典教学设计与指导选修课，侧重这方面能力培养，可见，对于此方面能力的培养较为薄弱。这需要整体优化设计华文教育本科专业的教学技能培养。

关于"了解汉语教材分析的基本内容，根据课程特点和教学对象恰当选择教材，合理安排教材内容"，有开设华文教材教法、绘本设计与教学指导、经典绘本阅读与赏析选修课，可对应培养上述能力；而关于"掌握常用的教育测评方法，能对学生的学习表现及教学效果进行客观、全面的测试与评价"，则有教育测量与评价、华文教学测评、儿童教育测量与评价、教育统计4门选修课，课程设置既有教学测量与评价，也有专门针对儿童的教育测量与评价，还有针对华文教学测评的课程，如何强调后者的特殊性，这对课程设置内容提出新的要求。关于现代教育技术能力的掌握，则有现代教育技术必修课，还有多媒体教学资源设计、华文教学视频制作等课程，培养学生能较为熟练地把现代信息技术应用于华文教学与其他专业活动之中。

第六，培养学生"具有一定的中华文化才艺展示能力，并能恰当地运用于华文教学"，现有的课程设置集中于"学前儿童语言教育知识群"的各选修课，包括美术、声乐、钢琴、舞蹈、幼儿实用美术、儿歌弹唱与伴奏、幼儿舞蹈欣赏与创编。从整体的课程设置的门数可以看出，选修课方面主要偏向于学前儿童语言教育方面，侧重培养幼儿华文教师，如何有针对性地开设适合华文教育本科专业学生整体发展的才艺类课程，还有赖于课程师资的配备。

第七，关于"专业素质与职责"，则主要包括职业精神、职业道德、专业意志、身心素质、专业发展意识、专业素养、沟通能力与行为等方面，在课程设置上，例如班级管理等教育类课程在课程内容上都有涉及，教师职业道德与修养课程对应前三种素质，体育则强调良好的身心素质，教师口语注重学生良好的亲和力和沟通能力培养，在专业发展意识方面则有学年论文、毕业论文共计8学分的实践环节培养。其中毕业论文可以从课程小论文开始，到学年论文再到毕业论文，强调跨学科之间的合作，逐步增加难度和要求，来保证毕业论文整体质量。

而关注学生个体差异，做到因材施教的专业素养，具有良好的亲和力和沟通能力，把掌握的知识转换为能力，则需要经过长时间的培养后才能转化为素质，并非易事，这也是对人才培养提出的更高要求。推动华文教师职前专业化培养，需要加强职业认同感方面的培训，通过系列讲座的形式，组织主题活动，让学生在提升专业素质与能力的同时，建立对华文教师职业的认同感与责任意识。但是在注重专业知识教育的同时，实践教学则是课程体系目前的短板。在本书的调查分析中，有33.9%的被调查者认为"实践训练还不够，理论性太强"是目前华文教育本科专业课程设置存在的主要问题，现有的课程体系虽然实践学时占到总学时的52%①，必修课共有1008学时，这其中包括360学时的毕业论文和毕业实习；并且选修课方面，实践学时多偏向于学前儿童语言教育方向，多达1224学时，折算后共计34学分。但是对于学科教学、语言教学培养层次的学生来说，实践训练略显不足。华文教育本科专业学生对"三笔(钢笔、粉笔、毛笔）字"和简笔画教学的整体满意度不高，大四学生较其他年级而言满意度偏低。关于实践教学的改革路径如何开展，笔者将在下一章节中开展分析与探讨。

整体而言，结合华文教育专业本科人才培养问卷调查、访谈调查分析结果来看，新的人才培养方案的课程设置，充分考虑了学生的诉求，增加了大量的汉语语言类课程，针对不同汉语水平基础的学生，分层分类开展，既有初级、中级、高级汉语，也有现代汉语拼音、现代汉语词汇、现代汉语语法、现代汉语修辞，涵盖语音、词汇、语法、修辞等汉语基础知识。教育类课程种类丰富，门数多、学分多，能满足华文教育本科专业学生要求增加教育类课程的诉求。但课程多偏重学前儿童语言教育层面，并且课程存在重复交叉的内容，需要华文教育本科专业加强课程内容的设计优化，体现师范特性，突出华文教育的特色。在汉语知识、汉语教学知识以及文学文化类课程的安排设置上，能满足华文教育本科专业学生的知识要求。总之，华文教育本科专业课程体系是融传授汉语语言知识与技能、加强中华文化与文学知识、强化教育类课程为一体的课程体系。

在课程体系编排上，存在着"以学科为中心""以问题为中心"和"以领域为中心"等不同主张。合理安排各门课程之间的结构和先后顺序，并与学生汉语水平相结合，遵循由易到难、螺旋递进的规律，倾向于"以学科为中心的分科课程编排"。在此，以汉语教学水平较弱的C层次学生为例，可以在第一学年，培养华文教育本科专业学生的初级汉语、听、说、读、写等汉语基本能力；第二学年，重点以中级汉语为主要内容，增加中华文化类、教育学类等课程，逐步培养学生的汉语交际能力；第三学年，则以现代汉语词

---

①数据来自人才培养方案，本专业实践学时达到总学时的52%。

汇、语音、语法、修辞等汉语专业核心课程为主，开设文化类课程来了解中国的文化与国情，增加教育类课程来加深对教育学、心理学方面的理论和知识，为后续的教学实践技能奠定基础；第四学年，以教育学理论、文化知识和教学技能训练为主，开设一定比例高阶语言课程和实践类课程，逐步把华文教育本科专业的学生培养成为掌握必备的知识与能力，具有华文教学能力的未来华文教师。

综上所述，课程设置是华文教育专业本科人才培养模式的重点，通过上述分析明确了按照知识的逻辑层次，围绕具备什么样的能力训练对应到具体的课程设置安排，并内化到素质培养上。其中既包括专业本身的内在逻辑，也有学校办华文教育本科专业的社会需求，以及学生自身发展需求等综合因素。

第六章　华文教育本科专业
　　　　人才培养路径的探索

　　培养路径是人才培养模式的实践与应用，更是华文教育专业本科人才培养模式的重要保障。从培养过程的角度来说，培养方式可分为开放性与封闭性两种，不同的培养方式对于知识选择与编排、课程编制、学生选择课程的自由度以及对学生的管理都将产生明显的差异。从人才培养质量形成的视角来看，某一专业的人才培养方式就是教师采取一定的教学模式和培养手段，经过若干教学环节作用于学生，使学生在知识、能力、素质等方面发生预期变化的活动过程。过程中因为培养路径的差异，管理紧缩程度不一。从人才培养模式内涵的视角看，创新培养模式，顶层设计重构培养方式，是华文教育本科专业的发展之本，尤其是强化华文教育本科专业的特色，才是提高华文教育本科专业人才培养质量的必然选择。人才培养模式是一个复杂的系统工程。作为为海外培养大批华文教师的华文教育本科专业，如何系统优化人才培养模式的各要素，在培养方式、实践教学、办学形式等方面，拓展不同层次的华文教师培养模式，丰富海外华文教师培养的类型，进一步完善海外华文教育师资的培养体系，是对当前华文教育本科专业人才培养路径的探索与推进。本章基于人才培养路径进行论述，为我国华文教育专业本科人才培养模式的改革提供参考依据和优化建议。

第一节　分层分类：差异性、多样化培养方式

　　随着中国国际地位的提高和国家文化软实力的增强，海外华文教育的快速发展，世界汉语教学需求呈现出新的形势和特征，从中小学教育到成人教育的多种类别，再到汉语学习者低龄化的多种形式，有着低龄化的倾向，幼儿华文教师需求迫切。当前海外华文教育快速发展现状和多样性需求，需要

培养更多优秀的师资，融入当地华文教育事业。在目前的政策环境下，海外华侨华人对汉语和中华文化的需求日益强烈，海外华文教师的需求量巨大，海外华文教育具有一定的市场。华文教育正面临着新的任务，而海外华文本土师资力量不足、水平参差不齐的问题也逐渐凸显，[①]这给华文师资培养提出了新的机遇与挑战。华文教育专业本科人才培养模式的实施正是解决海外华文教师缺乏这一难题的有效举措。围绕如何培养一名合格的华文教师的角度，面临华文教育专业学生来源多样性、海外华语学习者多样化等现实问题，探讨分层分类的培养过程，强调个体差异，进一步创新本科人才培养模式的设计思路和实施策略，有赖于以多样化、灵活性、选择性为重要特征的培养方式，是本节需要考虑的重要问题。

按照人才培养目标及规格的指向，分层设定培养层次。华文教育本科专业人才培养目标是培养从事华文教学与研究、管理等方面工作的应用型人才。结合培养目标定位于不同层次的华文教师培养，既有针对一线教师，也有注重部分科研能力的培养，毕业后继续深造从事华文研究的人才。具体而言，主要体现在两个层次：一是为各级各类华文学校培养高素质的教师、教学管理人员；二是要培养一定比例的科研型、管理型华文教育教师。华文教育本科专业生源呈多样性。这里的"多样性"，既指学生来自不同的国家，来源多样，文化与语言背景各异，也指学生汉语水平和学习能力的层次多样，从而呈现出学生层次差异大、水平参差不齐的特征，学生个体汉语程度各异，有的学生汉语水平相对较好，而有的学生汉语水平则比较弱。这与各国华文教育发展水平不平衡、程度不均匀有着直接关系。目前华文教育专业的学生并非经过统一考试录取，无论是汉语水平还是学习能力都有明显差别。不同起点、不同水平的学生进入同一专业学习，如何培养则成为比较棘手的现实问题。在生源水平不一致这种客观情况下，造成了层次差异的存在，影响到专业统一教学目标的实现。培养质量是本科人才培养的核心，不能因为学生的汉语基础差，就"人为"地降低培养标准。为体现华文教育本科专业多样师资类型的培养目标，满足海外对华文教师的多元化需求，学校根据学

---

①徐笑一、李宝贵：《海外华文本土教师培养的新模式探索》，《新疆师范大学学报（哲学社会科学版）》2018年第1期，第153页。

生语言水平和来源国对华文教师的需求分类，特别是学科教学，针对马来西亚、缅甸等地对中文全科教学人才需求设立的类型，可对应A班，实现在一套培养方案之下解决多类型人才培养的问题。如何根据学生的实际情况开展人才培养模式改革，强化华文教育专业人才培养特色，才是人才培养模式改革的重点。

因材施教，深化"分级分班课堂教学模式"，采用分层次培养、分流教学的方法，进一步夯实汉语基础。参照暨南大学的做法，根据学生入学时汉语水平不一样的实际情况，采取目标一致、相近而又有区别的人才培养方案实施分层教学。这主要依据学生入学水平测试，将学生分为A、B、C三个层次。其中，对于汉语水平较高的A层次学生，让他们在第一学年进入专业学习；B层次学生为中级汉语水平起点，第一学年以继续强化汉语水平为主，第二学年再进入专业学习；而C层次学生入学时汉语水平较弱，这是目前华文教育专业学生的主体。他们的汉语水平起点比较低，有的甚至是零起点，这与研究者的调查结果（79%的被调查者的汉语学习时间在0到5年）吻合。因此，他们面临的首要任务是过汉语关。如果语言没有达到规定的要求，那么后续的专业学习就无法进行。所以应在起初的两年内开展汉语的基础强化训练，后面的第三学年、第四学年进行专业课程学习。有针对性地开展分级分班教学模式，因"生"施教，注重学生的实际水平和课程先后的衔接关系。对于C层次学生，语言课先行，以语言知识的拓展和语言能力的训练为主，然后才是专业理论课和实践课的并行强化，加强理论与实践的紧密结合。对于B层次学生，语言课和理论课并行，然后则是实践课。对于汉语水平较高的A层次学生，语言理论课先行，专业理论课和实践课并行推进。针对部分选择在B班而实际完全可以学A班课程的学生，可以在开学时给学生留两个星期的学习观察时间，明确自身定位。分级分班时，应充分考虑学生的国别、基础等情况，分班后排课不应太紧，多举行一些全班同学都参加的班级活动，促进学生之间交流。因此，推进各类学生培养层次差异化发展很有必要。

那么与之对应的，C层次学生或一部分B层次学生，可将其定位在培养成为华文学校一线教师，而对A层次学生或一部分B层次学生，可往科研型、管理型华文教育教师方向重点培养。在总学分数量一定的前提下，拓展培养对象的层次类型、增设选修课程模块很有必要。以课程分流机制为契机，开设各类专业选修课程，实现不同水平学生的分流。根据学生汉语水平起点和所在国华文教育的需求，可设置语言教学、儿童语言教育、学科教学三大模块，分别培养语言教学、儿童语言教学和学科教学的专门性人才。学生在主修某模块的同时，选修其他模块的相关课程，以拓宽教学对象的类型，适应更多样化的教学工作。其中，学科教学模块旨在培养中文全科教学人才，要求学生在入学时就具备相应的汉语水平，这样才能保证学生有充足的时间和良好的语言基础，以满足学习各类专业课程的需求，这也意味着可以往科研型、管理型华文教育教师方向培养，但是能进入该模块培养的学生数量有限。大部分学生是在从事语言教育工作，这就需要在课程设置后开设一定比例语言类课程、汉语教学技能课程等。

具体到课程班级教学层面，根据学生的汉语水平，对不同的班级采取不同的教材、不同的授课进度、不一样的练习方式和考核方式，以"因材施教、促进兴趣、提升信心、日有所进"为目标来设计教学内容。这也就要求一线教师在授课过程中根据学生的汉语水平、培养目标，以及学生的特点、个性与兴趣特长，调整教学方法和教学手段，可采用讲授法、讲座法或者课堂互动等，在授课过程中要尊重学生的文化风俗习惯，避免触及他们的文化禁忌。面对汉语水平较低的学生，以讲解为主，对于抽象难懂的内容，尽可能采用网络资源辅助教学，在课程的练习部分减少书面内容，增加表演、活动、配音和其他表达方式；面对汉语水平较高的学生，侧重精讲训练，倾向于少讲多练，以项目或者任务为驱动，通过指定任务来帮助学生提高汉语自我学习能力，并且练习部分更强调书面化、学术化表达。与此对应的，关于考核方式，采用适合华文教育本科专业学生的课程考试形式，除了闭卷考试之外，探索性采取课程论文写作或者开卷考试，以及能力测试方式。比如，文学类课程，一方面强调学生对文本和作家的阅读和理解，另一方面要强调对已学知识的运用能力的检查。对于不同层次学生要差别化对待，根据课程的性质和特点，采用合适的考核评价方式。

第二节　植根实践：一体化实践教学体系的推行

华文教育本科专业实际上是"师范专业"，归属于教育学类专业，为海外各国培养合格的华文师资和管理人才，具有明显的师范特征，其目标是培养学生成为能从事华文教学与研究、学校教学管理、汉语应用等方面工作的应用型人才。实践教学的目标直指应用型人才。加强实践教学，强化实践育人环节，核心理论是强调学生在实践中成才。从人才培养的角度看，人才的成长可分为三个方面：一是知识的传授与获取，二是获取知识的方法与能力，三是知识的运用与实践，而后面两个环节都需要通过实践教学才能使学生掌握，从而促进学生全面成才。如何满足学生的实践能力培养的诉求，在问卷调查中，被调查者希望通过组织多次微型教学培训和增加训练次数来提高微型教学效果；希望增加演讲、中文歌曲、电视剧或电影配音、中华文化知识等多种形式的课外活动，提升自身文化素养；在教师指导下，利用早读机会，提升朗读水平。可见，实践教学活动涉及面广、层次多元、内容全面，既能与专业课程教学相互配合、互相渗透，也能满足对人才的全面素质培养和能力发展的要求。因此，实践教学体系的设计和实施尤为重要。

暨南大学华文教育专业[①]针对培养目标和学生特点，围绕专业培养目标进行实践教学活动设计，制订《华文教育专业教师技能训练方案》（分4年实施），对学生口头、书面表达及教学、教育工作技能等方面进行针对性的教学技能训练，推行"两字一话"，以保证实践教学活动的目的性和针对性。华文

---

①以暨南大学华文教育本科专业实践教学作为研究样本。

教育专业实践教学活动分为三个模块：专业综合能力模块、基本技能模块和文化素养模块①。对学生的培养各有侧重，为我们的实践教学改革提供了很好的思路借鉴。笔者认为，实践教学改革的方向应结合华文教育本科专业自身的特点和学生的实际情况，把教育技能的掌握作为合格华文教师的必备条件。本节将从实践教学内容安排、教育实践基地等方面提出具体改革路径，构建适应海外华文教育发展、促进华文教育本科专业学生可持续发展的一体化实践教学体系。

一、四年连贯制的一体化实践教学体系

针对目前华文教育本科专业的教育实践时间短暂而集中、实践类课程学分比重偏低的实际情况，如何设计有效的实践教学体系，提高实践教学质量，成为华文教育专业研究者思考的重要课题。华文教育本科专业是为海外培养专门的汉语教学人才。笔者认为在"教育见习"+"教育实习"的模式下，实行四年连贯制的一体化实践教学体系，贯穿华文教育专业学生培养的全过程，能够为学生创造更多的参加实践教学活动的机会。

（一）教育见习

目前，华文教育本科专业（暨南大学）的教育见习②安排在第四个学期，时间相对集中，便于组织、操作与管理，而且遴选优秀的指导教师和知名的见习单位，能保证学生的课堂观摩等见习效果。而华侨大学③主要安排在第二学期和第四学期，主要是校内的教学观摩。学校不专门指派教师开展课堂教学指导，全体教师都是学生的实践教学指导教师，在教案编写、试讲、评课

---

①专业综合能力模块包括微型教学、教学见习、毕业实习等内容；基本技能模块主要包括写作、书法、朗诵比赛等相关实践教学活动；文化素养模块主要开展中国文化相关的实践教学活动。

②暨南大学的人才培养方案中见习环节指的是教学见习，实习环节则是教学实习，为了研究的一致性，统一为教育见习与教育实习。

③华侨大学的人才培养方案中的教学实习是指教育见习，而毕业实习则是我们说的教育实习。在此做补充说明。

阶段指派经验丰富、责任心强的教师分小组对学生进行实践教学。[①]根据上述两所学校不同的做法，考虑到华文教育本科专业生源的特殊性，第一学年重点是强化汉语基础能力培养，打破之前在第四学期的教育见习安排，一来采取提前到第二学期开始，二来把时间分散到第二学期到第五学期，并且延长见习时间。在第二学期开始，到第五学期结束，学生选择到附近的学校去课堂观摩教师的教学过程、班级管理和活动组织等实践活动，进一步体验教师教学过程，全面了解教师的职业。

从第二学期开始，则考虑开设教育学原理、现代教育技术这两门课程，可在第二学期安排1学分（36学时）的教学见习，以教学参观为主，结合相关课程学习，观摩课堂教学，了解中小学的教育教学情况，建立对教师职业的初步感受，可安排在课程的期中或期末。第三学期开设普通心理学，再安排1学分的教学见习，让学生深入班级，了解真实的课堂教学的规范和过程，获得与中小学生交往的直接体验，观摩教师的讲课环节，了解如何组织班级管理，有利于培养华文教育本科专业学生的职业意识。第四学期可考虑开设华文教育概论[②]，安排1学分的教学见习，重点学习教师的备课和讲课技巧，在此阶段，有相应的选修课作为补充。第五学期则安排华文教学法，结合课程的开设，安排1学分的教学见习，了解学校教学与管理实践，观察、分析和体悟经验丰富的教师的教学活动，学习教师的讲课及教学方法的灵活运用，获得对中小学工作内容和运作机制的感性认识。

> 教师T8：增加学生教育见习的机会，对可能接触的不同教学阶段，有实际的现场了解，比如幼儿园、小学、初中和高中都要有所接触，以及创造机会让学生了解到如何组织、举办、管理学生活动。

随着年级的增长，对华文教育专业的学生而言，通过教育见习，可以使未来的华文教师在真实的教学场所的课堂情境中，了解学校的教育教学情

---

①参见沈玲：《论海外华文教育学科的实践教学》，《宁波大学学报（教育科学版）》2012年第3期，第15页。

②按照人才培养方案，该课程开设在第五学期。

况。而且，通过领略任课教师的教育教学风格，掌握学生特点，将理论知识与教育教学真实情景相结合，提前参加教育教学活动，经历理论—实践—理论的过程，从而进一步做好教育教学的思想准备。[1]教育见习应由学院统一安排，按照学生的意愿选择去中学、小学或幼儿园课程观摩。每个班的见习都应安排一名指导教师，以加强教师的指导。在见习结束后组织学生进行讨论，建立师生之间的交流对话，并撰写教育见习报告。多种形式的教育见习的开展，能为学生参与教育实习做好方法、技术和心理上的准备。[2]

（二）教育实习

教育实习是提高华文教育专业学生的教学技能和丰富实践教学经验的有利途径，也是理论知识学习与教师专业技能养成的中间环节，更是保证教学培养质量的重要环节。由于华文教育专业的学生来自世界各国，并且华文教学的真实课堂在海外，且学生毕业后均需回所在国从事汉语教学工作，种种华文教育专业学生的特殊性，使得集中实习安排协调面临诸多困难。因此，把教育实习安排在学生所在国进行，更符合华文教育本科专业人才培养的需求。华文教育本科专业的教育实习可采用学生赴所在国分散实习的形式。目前，暨南大学华文教育专业教育实习则是系里提前布置任务，让学生自己回生源国联系学校实习。实习的主要内容，是在教师的指导下，根据学生的特点，设计和实施华文教学方案，开展华文课程教学活动，进一步建立对学科教学的真实感受和初步体验，以及参与班级管理、活动组织和学习指导等，为后续的华文教学管理工作奠定基础。解决了在哪里实习这一问题，后续的怎样实习、谁来指导、谁来评价实习效果等问题，又是教育实习的难点问题。

华文教育专业的学生绝大多数来自东南亚国家。结合表6-1可得知生源主要来源地的泰国、印度尼西亚以及其他国家的学期、假期时间各不相同。在时间安排上，延长实习时间对学生实践能力的养成很有帮助。但研究发现，华文教育本科专业人才培养方案的实习安排在第八学期，与东南亚国家的学期时间存在差异，除了菲律宾的第一学期、泰国第二学期的时间结束早

---

[1]参见王传金、王琳：《论准教师实践性知识的习得》，《教育理论与实践》2007年第10期，第53页。

[2]参见颜海波：《高师院校教育实践存在的问题及改革路向（下）——以四川省高师院校为例》，《集美大学学报（教育科学版）》2010年第3期，第25页。

（3月中旬），在尽可能的前提条件下，可把实习安排从之前的五周时间延长，一直到5月中旬结束，再返校参加毕业答辩等事项。对于部分距离较远的国家的学生，可考虑由系里安排在国内的实习基地开展实习。

表6-1 东南亚国家中小学放假时间①表

国家	第一学期	假期	第二学期	假期
印度尼西亚	1月中旬至6月中旬	6月中下旬至8月上旬	8月中旬至12月中旬	12月中下旬至1月上旬
泰国	5月中旬至10月上旬	10月上旬至10月下旬	11月上旬至翌年3月中旬	3月中旬至5月中旬
菲律宾	1月中旬至3月中旬	3月中下旬至6月上旬	6月上旬至圣诞前	圣诞节至1月上旬（10月有1周假期）
越南	2月中旬至5月中旬	5月中下旬至9月上旬	9月上旬至1月下旬	2月上旬至2月中旬（2周假期，视春节定）
老挝	2月中旬至6月中旬	6月中旬至8月下旬	9月上旬至1月下旬	2月上旬至2月中旬（2周假期，视春节定）
马来西亚	1月上旬至5月中旬	5月中旬至6月上旬（3月中旬至4月上旬有1周假期）	6月中旬至11月中旬	11月中旬至1月上旬（8月中旬至9月上旬有1周假期）

在此期间，设想把教育实习（毕业实习）与毕业论文整合，既让准华文教师在实践环境中有效实施教学，组织教学活动，又可以结合论文所涉及的项目或案例开展调研或考察，搜集论文研究的第一手资料。将教育实习和毕

---

①刘宇霞：《暨南大学华文教育专业本科生海外实习情况调查报告》，暨南大学2014年硕士学位论文，第21页。

业论文有机整合，可以将毕业论文与华文教育的现实问题紧密结合，以实际教学过程中遇到的相关案例为支撑，通过毕业论文对案例进行分析和探讨，提出解决华文教学实际问题的办法，不仅可以提高学生理论联系实际的能力，也能培养华文教育本科专业学生发现问题、分析问题和解决问题的能力。这样的毕业设计（论文）更能激发学生的兴趣。

结合上述情况，在教育实习的指导上，系里要给每位学生安排一位校内实习指导教师，实习所在单位给学生安排一位当地华文学校指导教师，共同指导学生完成实习环节的各项任务。学生实习时系里安排的校内指导教师同时兼学生的毕业论文指导教师，将教育实习与毕业论文写作有机结合，既有利于学生顺利完成教育实习任务，又有利于学生将教学实践与教学调查相结合进行。客观地说，上述实习指导教师制度，虽然把毕业论文和教育实习结合起来，但是对身处所在国的华文教育专业学生的整体实习情况，实际上难以做到有效的监控，比如，学生的实习表现情况，实习任务进展情况，以及具体的实习效果情况，目前只能依靠实习鉴定表和实习报告来了解。对学生教育实习这一环节，目前在实践教学管理中仍是处于"失去监控"的状态。如何监控实习的质量，则需要从建立稳定的教育实践基地角度出发来思考。

稳定的教育实践基地的建立，目的在于为华文教育专业学生提供教育教学专业训练场所。第一，与东南亚国家的华文教育机构保持"联姻"关系，诸如华文教育的全国性教育机构之类，如马来西亚的董教总[①]、印度尼西亚的华文教育总会、菲律宾的华教中心、柬埔寨的柬华理事总会等，通过建立联系和沟通机制，达成合作共识，由其配合承担学生实习安排、管理与评价等。通过这样一种合作机制的建立，搭建起华文教育机构、人才培养单位和教育实践基地三者之间的关系，能够使学生教育实习做到质量可监控、环节可落实。整个环节包括实习学校的安排、实习内容的指导、实习指导教师的落实、实习过程的质量监控，以及实习表现的鉴定。在教育实践基地这一教育教学专业训练场所，学生通过教育实习，可提高其教书育人能力，在此过程中，寻找到未来的工作岗位，符合毕业后返回居住地所在国服务工作5年

[①]董教总是"马来西亚华校董事联合总会"（董总）和"马来西亚华校教师总会"（教总）的简称，是马来西亚华文教育的全国性领导机构。

的要求，对于学生就业来说，一定程度上是比较有利的渠道。第二，华文教育本科专业的培养单位，可与当地华侨华人社团建立合作关系，做好牵线搭桥工作。在各主要生源地（国）建设一批海外教学实践和毕业实习基地，有计划地组织学生回国进行华文教育专题调研，从事具体的教学和管理工作。[①]两种不同层面的合作，其目的是为学生寻找到真正意义上的实践基地，依托教育实践基地培养学生实践能力，进一步提高教育教学水平。

（三）教育研习

现在很注重在日常学习和实践过程中积累所学所思所想，作为未来教师的华文教育专业学生，在教育见习、教育实习等实践教学过程中，为了使学生形成问题意识，改进教育教学活动，促进专业化发展，增设教育研习阶段是非常有必要的。这不仅能提升准华文教师专业素养，更是培养学科教学华文教师的重要途径。

通过教育研习，反思第二学期到第五学期教育见习活动，确定研习主题，可与第六学期的学年论文结合起来，开展事前、事中、事后三阶段研习工作。事前，重点对华文教材处理、中小学教学案例的设计、教学方法的选用等理论知识进行反思；事中，关注如何根据教学过程对教学方案进行调整，有效监控教学活动，营造课堂气氛，参加各种类型的教研活动，获得与其他教师对话交流的机会等方面；事后，则是对整堂课教学行为的回忆，包括教师教学行为、学生课堂的表现。研究者认为，教育研习要贯穿华文教育职前教育的全过程，这其中包括教育实习结束后的反思、认识活动，旨在进一步认识华文教师职业和素质能力。

（四）实践活动

以往我们更多地强调专业知识的传授，忽略教育教学能力的培养，而且灵活自主、形式多样的实践活动也是学生实践能力培养的有利条件，诸如暑期社会实践、教育调查、学生社团活动等，是作为隐形课程的重要呈现方式。社会实践方面，要突出华文教育本科专业的文化特性，开展形式多样的志愿服务、文化考察活动，组织文化寻根、社会考察等活动，进一步加深对

---

①项健：《汉语类留学生人才培养路径探析》，《教育现代化》2016年第40期，第27页。

当代中国的了解，增强学生对中华文化和祖（籍）国的认同意识。[1]开展与中国文化相关的主题活动，比如祭孔活动、泼水节等。在多元文化工作坊，通过各国文化的学习，了解国家差异，让学生在最短的时间内了解中国国情，以适应大学环境、投入学习。同时，通过多元文化工作坊，能够减少不同国家学生之间在交流时所产生的文化碰撞，让学生在活动中了解各国文化之间的异同，理解彼此文化间的差异。除此之外，一体化实践教学体系还包括教师教学技能训练，主要是"两笔一话"[2]、模拟教学（微型教学）等内容。

二、优化教学技能训练体系

教学技能是华文教育专业学生作为准教师应具备的基本教学能力。教学技能的培养训练应贯穿学生在校学习的全过程，分年级开展实施，但内容可因年级而异；可将专业技能训练相关环节与课程学分修读相结合，通过专业技能训练、课程学习、实践性教学环节等内容予以强化，在人才培养方案中突出实践性课程的比重，增加实践技能类课程的种类和学时，进一步优化华文教育专业教学技能训练体系。

（一）四年连贯制的教学基本功技能培养

从学生入学开始，开展多种形式的基本技能训练与考核。一年级，开设教师口语训练和钢笔字练习。入学的时候，要求他们大量接受汉语语言知识学习，辅以口语训练，以此为基础，训练口头表达能力。强调钢笔字，不仅要教会他们怎样写好字，还要教会他们如何辅导学生写好字。[3]二年级，重点是粉笔字训练，开展书写能力和朗诵能力相关的实践教学活动，重视学生的实践技能训练，提高基本教学素质能力。比如写作比赛、朗诵比赛、晨诵等。三年级，结合应用写作课程，以学生书面表达技能培养为侧重点，开展微型教学等针对性训练。主要借助现代教育技术手段，通过模拟真实的课堂

---

① 参见项健：《汉语类留学生人才培养路径探析》，《教育现代化》2016年第40期，第27页。

② "两笔"主要指钢笔字和粉笔字，不包括国内师范生的毛笔字，"话"指的是普通话。

③ 参见颜海波：《高师院校教育实践存在的问题及改革路向（下）——以四川省高师院校为例》，《集美大学学报（教育科学版）》2010年第3期，第27页。

教学环境，在教师的指导和帮助下，促使学生运用教学方法与手段，开展教学过程的尝试，提高自身职业能力，明晰自身的教学素质，克服正式教育实习中的紧张感。其间推行"两笔一话"和微型教学活动，开展微型教学大赛，钢笔字、粉笔字比赛等多元化的技能训练和竞赛活动，以赛促练，进一步提高学生教学实践能力。在微型教学比赛过程中，学生的教学理念、教学方法、教学经验，都能得到很好的训练和积累。四年级，开始综合训练教师职业技能，检验学生汉语教学能力和应用水平，比如写作能力、创作能力。为满足模拟教学现实需要，不仅要积极完善硬件设施，而且要增加试讲、微型教学训练的次数，不断提高学生教育教学技巧，为参加教育实习，有效地把所学的理论知识应用到实际教学中提供支持性条件。[①]经过这样的训练过程，在教育实习之前，"两笔一话"训练、微型教学、试讲等多种形式开展，既能训练华文教育本科专业学生的教学技能，又能帮助他们实现由学生身份向准华文教师身份的转变。在教学技能训练的基础上，学生通过教育实习将所学的技能综合运用到实际教学过程中，实现教学技能综合运用的目的。由于华文教育本科专业的学生未来开展教学的真实课堂在海外，而海外实习实施起来的确存在一些问题，所以如何在微型教学的模拟课堂和真实课堂环境之间建立起一种联系，将所掌握的教学技能运用到教育实习的教学过程中，是关注的重点所在。也就是说，如何与海外实践教学基地建立畅通的内部沟通渠道，在探索联合培养的有效途径的基础上，可把教育实习放到海外华文学校开展，则是下一步需要重点考虑的问题。

（二）开展教学技能专项训练

学生通过相关专业课程的修读，已经建立了对理论知识的掌握，那么如何在课堂之外加强学生教学专项技能的训练，为从事华文教学工作打下基础，包括以下几个层面：

第一，教育管理技能训练。以班级为单位组织班级管理活动，开展集体教育，观看相关主题的视频，并围绕特定主题开展讨论。实施以班委会为主导的班级管理模式及学生干部轮换制，要求学生在见习实习期间，撰写班主

①参见颜海波：《高师院校教育实践存在的问题及改革路向（下）——以四川省高师院校为例》，《集美大学学报（教育科学版）》2010年第3期，第27页。

任工作文案，并列入实习考核内容。[①]

第二，教育交际技能训练。强调华文教育专业学生具有良好的亲和力和沟通能力，能平等地与他人进行沟通交流；关心、爱护、尊重学生，关注学生个体差异，做到因材施教等专业素养。那么，这就要求学生在实习过程中，跟实习学校的学生交流谈话时，做到有针对性，并且能关注个体差异，以及做好详细的谈话记录；在教师的指导下开展家访活动，获得与学生家长沟通的感性认识，并写出家访总结报告，进一步提升对华文教学的认识。在开展上述活动之前，教师还需开展与家长沟通、家长会活动的模拟演习，熟悉活动组织内容与形式，学生可分组合作完成家长会的准备工作，既能提高学生的组织能力，又能培养学生的交际沟通能力。

第三，教育组织技能训练。结合学生修读的艺术体育类课程，鼓励学生利用组织各类文体活动的机会，开展课外活动组织，并把课程活动指导、组织学生活动列入实习内容的范畴，并由指导教师评定活动成效，以及结合上述的班主任管理工作，组织班级活动，建立对教育组织活动的认识与理解。

第四，教育评定技能训练。掌握教育评定的基本方法，利用教育测量与评价等知识，有针对性地开展个体模拟训练。开展学生自评、学生互评、小组评定和教师评定等，对学生操行表现做出全面、客观、公正评价，能有针对性地提出努力方向。[②]在对学生表现及教学效果进行客观全面的评价过程中，能利用所学的心理咨询与辅导的方法和技术，根据学生的心理特点和遇到的心理问题，有针对性地开展心理测评与辅导工作。

[①] 参见蔡丽：《华文教育专业学生教育技能培养问题刍论》，《中国成人教育》2010年第5期，第135页。

[②] 参见蔡丽：《华文教育专业学生教育技能培养问题刍论》，《中国成人教育》2010年第5期，第134页。

第三节　融入当地：合作办学与联合培养

一、依据海外华语学习者多样性探讨合作办学新渠道

目前，不仅仅在海外中小学、成人培训学校以及孔子学院开设了汉语课程，而且不少国家在学前教育阶段就已开设汉语课程。海外华语学习者"低龄化"特点更加突出，这种趋势对华文教育本科专业人才培养提出了更高的要求。为满足海外对幼儿华文教师的需求，暨南大学在2015年增设华文教育本科专业学前儿童语言教育方向课程，专门为海外华文教育培养幼儿华文教师，丰富了适合海外华语学习者多样化的师资培养类型。目前暨南大学已招收三届学生，但学生人数仅40名。这样的培养规模远远无法满足海外幼儿华文教师的需求。如何拓展幼儿华文教师的培养类型、满足低龄化趋势下海外部分华文学校对幼儿华文教师的需求，除了在现有的课程体系中增加学前教育类课程、综合才艺类课程内容之外，还应与部分国家高校达成合作共识，开展华文本土教师联合培养，对方提供场地和教学设施，我国高校负责教师的派遣及教学任务制订的协作，采取中外高校合作培养模式来实施华文教育本科专业合作办学，具有现实意义。华文教育本科合作办学主要指中外院校合作开展华文教育本科专业，以华人、华侨子女和非华人青少年为教育对象，以培养所在国华文教育师资为教育目标，为海外培养高素质的华文教育师资和管理人员，传播汉语文化。[①]为更好地融入当地，根据中外院校的实际条件，提出以下改革设想：

---

① 参见陈娜、唐燕儿：《华文教育本科合作办学模式构想与实现途径》，《现代远程教育研究》2010年第6期，第53页。

（一）4-0模式

选择华文教育基础较好的海外各国高校，或增设华文教育本科专业或汉语国际教育专业探索本土化华文教师培养新模式。以中方学校现有的华文教育本科专业的人才培养方案的课程设置与教学大纲为基础，设计华文本土教师培养模式，根据合作高校的所在国华文教育的实际情况共同制订符合当地实际的课程体系、课程设置和教学大纲，并且要求全部课程都用汉语教学，进一步提出华文本土教师培养质量提升的路径。这种培养方式，不仅可以减少华文教育本土师资的培养成本，不出国就能学到标准汉语，而且可以由合作高校统一安排学生实习，也方便派遣指导教师开展实习指导等工作，进一步提高华文教育专业学生的教学实践能力，避免学生分散实习缺乏管理的现实问题。但是其弊端在于海外合作高校的任课教师汉语水平如何保障是这一模式的难题。

（二）"3+1"模式或者"2+1+1"模式

海外高校与中方学校开展联合培养，如"3+1"模式，三年中方学校培养，一年海外高校培养[①]；"2+1+1"模式，三年所在国高校培养，一年中方学校培养等。双方可在课程设置、学历互认等方面加强合作，通过增加开办学校数量来扩大华文教师的招生生源和培养数量。

"3+1"模式：学生在国内高校学习三年，最后一年到中方合作院校，参加由其安排的教育实习、课程学习等，以及在中方教师指导下开展毕业设计（论文），最后回中方院校参加毕业论文答辩。前三年中方院校可以提供经验丰富的汉语师资条件，保障汉语教学水平。

"2+1+1"模式：学生在本国高校学习两年，以汉语语言理论知识、文学文化类课程和教学法课程为主。第三年在中国修读华文教育学等教育类课程，第四年则返回所在国继续学习并在当地华文教师指导下进行教学实习及完成毕业论文。[②]学生不仅掌握坚实的语言基础，而且回到所在地实习，经过

---

①参见周东杰：《华文教育师范生培养方案实证研究——以华侨大学为个案》，华侨大学2016年硕士学位论文，第71页。

②参见陈娜、唐燕儿：《华文教育本科合作办学模式构想与实现途径》，《现代远程教育研究》2010年第6期，第54页。

教师的细致指导，能够加深对华文教育本科专业的核心课程或主干课程的理解，提升教学技能。

（三）"2.5+0.5+1"模式

积极借鉴云南师范大学中外合作办学模式，采用"2.5+0.5+1"模式。从第一学年到第三学年上学期在国内学习通识课程和专业课程；第三学年下学期赴泰国等国的海外华校（东南亚国家为主）学习海外专业课程，并进行教育见习、教育实习等专业实践，强化实践教学；第四学年回国继续学习专业课程，进行专业实践，撰写毕业论文。[①]该专业的大学四年，强化小语种课程的学习，使学生成为"专业+东南亚语+英语"的应用型人才。

无论采取何种模式，其目的都是提高汉语在海外华侨华人社区的传承能力，根据学校的实际情况予以实施，改革和完善华语教学专门人才培养体系，把学生的知识、能力和素质培养放在首位，培养适应华侨华人社区需要的、从事汉语教学和中华文化传播的专门人才[②]。

二、依据招生被动化重构联合培养新思路

华文教育本科专业学生由各国华侨华人社团推荐，经中国驻当地使领馆审核后报国务院侨务办公室审批录取。招收新生质量的高低，直接影响着华文教育专业本科人才培养模式的改革，影响着学生的学习效果和培养质量。国家不同，文化背景的差异；学生汉语水平的不一致，学习动力的不同，敬业精神不尽一致；以及学生居住国的管理水平的差距，招生的把关渠道也受到局限。各国华文教育发展水平不平衡，生源质量参差不齐，没有保障的现状，一定程度上制约着华文教育本科专业学生培养的整体质量。上述困难都成为人才培养模式推进所遇到的重要难题，事实上造成现有人才培养难度的加大。

承担华文教育专业人才培养的这两所高校并没有实际的招生参与权。面

---

① 云南华文学院华文教育专业（师范）培养方案，计划从2020级学生开始执行。

② 参见徐笑一、李宝贵：《海外华文本土教师培养的新模式探索》，《新疆师范大学学报（哲学社会科学版）》2018年第1期，第156页。

对不同的生源情况，如何让高校这只人才培养具体实施的"执行之手"参与到招生环节之中，尤为重要。因此，进一步探讨华文教育本科专业学生的准入制度，仍然是人才培养模式的培养路径推进的重要内容。把握好招生渠道，严格把关学生的入学素质和成绩要求，是人才培养模式改革的有力保障。因国家不同而施以不同政策，才能提高人才培养的针对性和实效性。本书主要结合如何解决招生生源被动化这一现实情况，提出优化重构培养路径的新思路。

为解决这一问题，在现有的政策条件之下，可采取不同层次的解决办法。面对泰国、印度尼西亚占据华文教育专业绝对生源优势、且生源集中并且充足的国家，暨南大学和华侨大学可探索与当地华侨华人社团合作，或者中文教育机构挂钩，建立代理机构合作关系，开展岗前培训和对接，对有意向申请华文教育本科专业的学生做出基本的语言、学习能力等方面的综合评价，作为录取的重要参考依据。录取时应要求学生入学就具有一定的汉语水平，否则学生会花费大量的时间精力用在语言类课程学习上，势必会影响教育类等课程的学习效果，因此有必要提高准入门槛，保障生源的培养质量。对于一些华文教育发展相对滞后、华文教育基础相对薄弱的国家，面对学生人数群体偏少，学生华文水平较弱的实际情况，在人数偏少、教师精力有限、不能单独编班的情况下，建议实行专门化管理。根据实际情况分类培养，编排到对应的班级，因材施教，有针对性地实施教学改革。在实现专业培养标准核心要素的基本要求的前提下，针对各类学生可实施不同的培养方式，提升准华文教师的知识、能力和素质，才能为海外华文教学输送合格的华文师资，助力海外华文教育发展。

结　语

通过我国华文教育专业本科人才培养模式研究，围绕"为谁培养人、培养什么样的人、怎样培养人"这一根本问题，笔者认为华文教育专业本科人才培养模式，是在一定的教育理念指导下，以培养高质量的准华文教师这一师范专业应用型人才为目标，以知识、能力与素质相互协调的培养标准为中介，以语言类课程、文学文化类课程、教育类课程相互支撑的课程设置为载体，以分层分类、植根实践和多样化培养渠道等培养路径为保障，注重培养对象特殊性、差异性，形成逐层深化、循序渐进、系统完整的培养过程模型与操作样式。它主要由培养目标、培养标准、课程设置、培养路径等要素构成。

华文教育专业本科人才培养模式，与国际汉语人才培养有所差异。国际汉语人才培养应具备"语言应用+语言教学+语言开发"能力，或者是"语言+专业"的人才，抑或基于工作需要的"语言+文化+专业"的人才。[1]汉语国际教育更倾向于基于汉语语言学和教育的汉语语言要素和技能教学理论与方法的研究。[2]跟传统的中文师范专业人才培养模式有所不同，它们过分注重专业教育，强调"三板块"的课程体系，即公共基础课、学科专业课、教育类课程，再加上6到8周的教育实习或毕业实习。[3]目前存在着"重学科、轻教育"等问题，忽视学生综合素质和实践能力的培养。同英语师范专业人才培养模式具有明显不同，英语师范专业人才要求掌握英语听、说、读、写等

---

①转引自郑通涛、郭旭：《"一带一路"倡议下国际汉语人才培养模式研究》，《厦门大学学报（哲学社会科学版）》2020年第1期，第73页。

②参见吴应辉：《汉语国际教育面临的若干理论与实践问题》，《云南师范大学学报（哲学社会科学版）》2016年第1期，第41页。

③参见赵国乾：《高校中文师范专业创新型人才培养模式改革的思考与探讨》，《牡丹江教育学院学报》2011年第6期，第123页。

语言基本技能，以及能通过语言这一媒介掌握学科的文化知识，培养学生的人文素养和多元文化意识，注重培养师范生的专业技能。[①]英语专业布点过多且目标和模式趋同，人才培养千校一面，体现不出高校自身的培养特色。[②]因此，华文教育专业本科人才培养模式有着自身的特色。

本书主要基于系统管理过程理论，构建以调查分析为切入点，人才培养模式各要素相互作用的分析框架，提出"培养目标—培养标准—课程设置—培养路径"这一人才培养模式研究主线，开展学生问卷调查与教师访谈调查，归纳出专业学习动机、专业理解与专业认同的差异，课程设置现状与实际课程学习的差距，得出学生专业学习整体满意度评价处于比较满意与一般满意之间等结论。

本书重点探讨华文教育本科专业人才培养目标内涵，确定应用型人才培养类型、凸显师范特性的职业定位、体现华文教学特色定位相结合。依据学科专业的逻辑起点确定培养目标的文化属性，符合教育学类专业培养的总体目标；依据学生发展的逻辑起点确定培养目标的人本属性，关注学生的知识、能力和素质结构；依据社会发展的逻辑起点确定培养目标的社会属性，服务于国家战略和海外人才需求。进一步分析人才培养目标的指向性，审思人才培养目标受到学生群体、学校主体、政府部门等多方主体的制约，比如，学生群体基于个人发展与就业驱动的差距，学校主体面临办学使命、社会需求与人才培养的分化与平衡，政府部门履行国家语言战略需要与监管职责的结合。

在培养目标的指引下，分析现有华文教育本科专业培养标准的"缺失"，借鉴华文教育本科专业所属的教育学专业类教学质量国家标准、国际汉语教师标准（2012年）和海外华文教师证书标准的实施经验，结合华文教育本科专业的实情加以合理利用，构建了涵盖知识、能力和素质的华文教育专业本科人才培养标准，设置人才培养最低要求，确保新生入学汉语水平不一但毕业要求基本一致，达到相关标准的规定和要求。它主要包括专业知识与理解、专业能力与运用、专业素质与职责这3项一级指标，14项二级指标，29

---

① 参见王亮：《英语师范人才培养模式的改革研究》，《辽宁教育行政学院学报》2016年第5期，第67页。
② 仲伟合：《英语类专业创新发展探索》，《外语教学与研究》2014年第1期，第129页。

项三级指标。

　　开展华文教育本科专业课程设置的分析与顶层设计，基于课程类型、课程门数和课程内容开展暨南大学和华侨大学华文教育本科专业课程设置的横向与纵向比较，得出课程类型基本相似，课程设置偏重强化汉语能力培养、弱化教学技能培养，课程内容的汉语知识与应用、汉语交际能力匹配度较高，汉语教学能力、文化认同教育呈较弱态势。进而，以专业人才培养标准顶层设计统筹课程体系，实现课程设置和专业培养标准各目标相结合的纵横融合的组织结构，为我国华文教育本科专业课程设置优化提供解决思路。紧接着，本书从拓展不同层次的华文教师培养，丰富海外华文教师培养的类型出发，创新人才培养模式的培养路径的设计思路和实施策略，探索分层分类的差异化培养方式、植根实践的一体化实践教学体系和融入当地的合作办学与联合培养途径，进一步完善华文教育专业本科人才培养模式，为华文教育专业建设提供清晰的方向，促进华文教育事业的健康发展。

　　研究的创新点在于，选择我国开设面向海外招生的华文教育本科专业的高校（暨南大学和华侨大学）作为研究样本，使用量化、质性分析方法，结合人才培养模式的问卷调查数据与访谈资料，阐述了华文教育本科专业的发展现状及存在的主要问题，通过访谈资料在纵深方面对问题的成因开展了一定的分析研究。从人才培养模式各构成要素（培养目标、培养标准、课程设置、培养路径）出发，遵循人才培养的一般规律，以一种整体的、广阔的视角审视华文教育专业本科人才培养模式，依据系统管理过程理论，进一步厘清其背后所隐含的培养规律，镶嵌着学科专业、学生发展、社会发展等逻辑起点，实现专业培养的文化属性、人本属性和社会属性的相统一，作为华文教育专业本科人才培养模式研究这一选题的创新与深化。尤其是基于对可参照样本的深入分析，旨在解决为谁培养、培养什么样的学生、怎样培养学生三大关键问题，构建了华文教育本科专业人才培养标准和课程设置的核心框架，分析探讨如何优化华文教育专业本科人才培养模式的路径，提出了具有启发意义的对策建议。

　　研究的不足主要体现在以下几方面：笔者就适切的理论依据予以分析与

阐述，但客观上不够全面、深刻和准确，分析框架仍有待加强。今后，笔者将继续加强此方面的理论积累，以敏锐的学术洞察力、深厚的理论功底审视华文教育专业本科人才培养模式改革。针对华文教育专业本科人才培养模式开展调查分析，调查对象不够丰富广泛、深入，应增加海外校友、海外华文学校等主体，以加强实证分析。有关培养路径探讨有待加强，目前只是基于理论层面的策略思考，尚没有通过实践证明，在可行性方面仍有待具体验证与检验。

参考文献

一、中文著作

［1］贾益民：《华文教育概论》，暨南大学出版社2012年版。

［2］龚怡祖：《论大学人才培养模式》，江苏教育出版社1999年版。

［3］魏所康：《培养模式论——学生创新精神培养与人才培养模式改革》，东南大学出版社2004年版。

［4］陈洪玲、于丽芬：《高校扩招后人才培养模式的理论与实践》，北京师范大学出版社2011年版。

［5］程静：《高校人才培养模式多样化:诠释与对应》，北京工业大学出版社2003年版。

［6］唐毅谦：《高素质应用型人才培养模式多途径探索的理论与实践》，科学出版社2016年版。

［7］薛天祥：《高等教育学》，广西师范大学出版社2001年版。

［8］潘懋元：《多学科观点的高等教育研究》，上海教育出版社2001年版。

［9］［德］卡尔·雅斯贝尔斯著，邱立波译：《大学之理念》，上海人民出版社2007年版。

［10］［美］伯顿·克拉克著，王承绪等译：《高等教育新论——多学科的研究》，浙江教育出版社2001年版。

［11］［加］约翰·范德格拉夫著，王承绪等译：《学术权力——七国高等教育管理体制比较》，浙江教育出版社2001年版。

［12］尹晓敏：《利益相关者参与逻辑下的大学治理研究》，浙江大学出版社2010年版。

［13］谢维和：《教育活动的社会学分析—— 一种教育社会学的研究》，

教育科学出版社2000年版。

　　[14] 教育部高等学校教学指导委员会：《普通高等学校本科专业类教学质量国家标准（上册）》，高等教育出版社2018年版。

　　[15] 马周琴：《新建本科院校教学管理创新研究》，团结出版社2018年版。

　　[16] 吴绍春、张立新：《研究型大学的研究型教学：理念与实践》，哈尔滨工业大学出版社2015年版。

　　[17] 丛立新：《课程论问题》，教育科学出版社2000年版。

　　[18] 陆有铨：《躁动的百年——20世纪的教育历程》，山东教育出版社1997年版。

　　[19] 南京师范大学教育学编写组编：《教育学》，人民教育出版社1984年版。

　　[20] ［英］阿什比著，滕大春、滕大生译：《科技发达时代的大学教育》，人民教育出版社1983年版。

　　[21] ［美］迈克尔·W·阿普尔著，黄忠敬译：《意识形态与课程》，华东师范大学出版社2001年版。

二、中文期刊

　　[1] 马跃：《华文教育专业的定位与海外华文师资素质需求分析》，《暨南大学华文学院学报》2007年第1期。

　　[2] 贾益民：《华文教育学学科建设刍议——再论华文教育学是一门科学》，《暨南学报（哲学社会科学版）》1998年第4期。

　　[3] 郭熙：《华文教育专业建设之我见》，《暨南大学华文学院学报（华文教学与研究）》2009年第1期。

　　[4] 蔡振翔：《从华文教育到华语教育》，《华侨华人历史研究》1996年第2期。

　　[5] 华文教育研究所：《试论华文教育的学科定位、特征及其他》，《华侨大学学报（哲学社会科学版）》1997年第3期。

　　[6] 《面向海外华教发展培养学历素质人才——访暨南大学华文学院院长邵宜教授》，《世界华文教育》2019年第2期。

　　[7] 唐燕儿：《论海外华文教育的发展及其趋向》，《高等教育研究》2009

年第6期。

　　[8] 陈娜、唐燕儿：《华文教育本科合作办学模式构想与实现途径》，《现代远程教育研究》2010年第6期。

　　[9] 金宁、顾圣皓：《论海外华文教师的基本素质》，《华侨大学学报（哲学社会科学版）》2000年第3期。

　　[10] 金宁：《海外华文师资培训的课程设置》，《海外华文教育》2000年第2期。

　　[11] 沈玲：《新时期海外汉语教育的"四化"》，《扬州大学学报（高教研究版）》2013年第3期。

　　[12] 沈玲：《论海外华文教育学科的实践教学》，《宁波大学学报（教育科学版）》2012年第3期。

　　[13] 蔡丽：《论华文教育专业学生教学技能的培养》，《暨南大学华文学院学报》2008年第1期。

　　[14] 蔡丽：《华文教育专业学生教育技能培养问题刍论》，《中国成人教育》2010年第5期。

　　[15] 张鹭：《华文教育专业课程建设的几点思考》，《佳木斯教育学院学报》2012年第3期。

　　[16] 苏宝华：《应用数字媒体技术培养华文教育专业多元化人才》，《长春理工大学学报》2010年第12期。

　　[17] 苏宝华：《录制技术支持的师范生教学技能培养策略研究——以华文教育专业为例》，《南昌教育学院学报》2011年第3期。

　　[18] 项健：《汉语类留学生人才培养路径探析》，《教育现代化》2016年第40期。

　　[19] 原鑫：《华文教师个体背景因素与教师证书考试表现的关系》，《云南师范大学学报（对外汉语教学与研究版）》2019年第1期。

　　[20] 刘文辉、宗世海：《华文学习者华文水平及其与中华文化的认知、认同关系研究》，《东南亚研究》2005年第1期。

　　[21] 张和生、鲁俐：《再论对外汉语教师的素质培养》，《语言文字应

用》2006年第S2期。

　　［22］蒋亦华：《大学本科教育目标的审视与建构》，《教育研究》2013年第3期。

　　［23］李福华：《利益相关者理论与大学管理体制创新》，《教育研究》2007年第7期。

　　［24］潘懋元、董立平：《关于高等学校分类、定位、特色发展的探讨》，《教育研究》2009年第2期。

　　［25］史秋衡、王爱萍：《应用型本科教育的基本特征》，《教育发展研究》2008年第21期。

　　［26］别敦荣：《大学组织文化的内涵与建设路径》，《现代教育管理》2020年第1期。

　　［27］李铁范：《华文教育学科建设及高级人才培养刍议》，《中国高教研究》2005年第10期。

　　［28］谢桂华：《关于学科建设的若干问题》，《高等教育研究》2002年第9期。

　　［29］刘献君、吴洪富：《人才培养模式改革的内涵、制约与出路》，《中国高等教育》2009年第12期。

　　［30］李硕豪、阎月勤：《高校培养模式刍议》，《吉林教育科学》2000年第2期。

　　［31］龚怡祖：《略论大学培养模式》，《高等教育研究》1998年第1期。

　　［32］金佩华、楼程富：《研究型大学本科人才培养模式探索》，《高等工程教育研究》2004年第5期。

　　［33］徐兆仁：《新世纪文科人才培养模式探析》，《中国高等教育》2006年第17期。

　　［34］汪明义：《关于加快教育理念和人才培养模式转变的探索》，《中国高等教育》2011年第8期。

　　［35］李波：《按培养模式重构地方高校课程体系》，《教育研究》2011年第8期。

［36］潘冬：《应用型本科院校英语专业KAQ人才培养模式研究》，《现代教育科学》2011年第11期。

［37］胡赤弟、田玉梅：《高等教育利益相关者理论研究的几个问题》，《中国高教研究》2010年第6期。

［38］王进鑫：《适应知识经济挑战，变革高校人才培养规格》，《中国高教研究》2001年第3期。

［39］廖春华等：《本科人才培养质量标准研制路径探析——基于PDCA循环理论的视角》，《教育发展研究》2014年第21期。

［40］项璐、眭依凡：《培养目标：人才培养模式改革的价值引领——基于斯坦福大学"开环大学"计划的启示》，《现代大学教育》2018年第4期。

［41］曾冬梅、黄国勋：《人才培养模式改革的动因、层次与涵义》，《高等工程教育研究》2003年第1期。

［42］曾毅平：《培养华文师资力量推进华教"三化"建设——曾毅平教授谈<华文教师证书>的研发与颁行》，《世界华文教育》2018年第1期。

［43］苗学杰：《对我国地方高师教育学本科专业的浅思——培养目标与模式的应然与实然冲突》，《世界教育信息》2007年第11期。

［44］刘凤菊、王新平、韩启峰：《本科院校高职教育人才培养模式研究报告》，《中国成人教育》2001年第3期。

［45］姜士伟：《人才培养模式的概念、内涵及构成》，《广东广播电视大学学报》2008年第6期。

［46］涂宝军、张新科、丁三青：《大应用观与应用型人才培养:哲学意蕴、逻辑起点与实现路径》，《职业技术教育》2019年第13期。

［47］杨志坚：《中国本科教育培养目标研究（之二）——本科教育培养目标基本理论问题》，《辽宁教育研究》2004年第6期。

［48］向兴华、李国超、赵庆年：《高校人才培养目标定位绩效评价研究——以HL和HK两所大学为例》，《教育发展研究》2014年第13-14期。

［49］刘英、高广君：《高校人才培养模式的改革及其策略》，《黑龙江高教研究》2011年第1期。

［50］郑通涛、郭旭：《"一带一路"倡议下国际汉语人才培养模式研究》，《厦门大学学报（哲学社会科学版）》2020年第1期。

［51］鲁静：《我国教师教育课程体系的历史和逻辑分析——以华东师范大学为例》，《教师教育研究》2010年第5期。

［52］万明钢：《教师教育课程体系研究——以师范大学教育学院教师教育课程体系建构为例》，《课程·教材·教法》2005年第7期。

［53］张忠华：《关于大学课程设置的三个问题》，《大学教育科学》2011年第6期。

［54］高江勇、周统建：《大学课程改革究竟需要改什么?》，《中国大学教学》2018年第5期。

［55］徐笑一、李宝贵：《海外华文本土教师培养的新模式探索》，《新疆师范大学学报（哲学社会科学版）》2018年第1期。

［56］王传金、王琳：《论准教师实践性知识的习得》，《教育理论与实践》2007年第10期。

［57］侯颖：《从修订版〈国际汉语教师标准〉看华文教师教育》，《学理论》2016年第10期。

［58］邵滨、邵辉：《新旧〈国际汉语教师标准〉对比分析》，《云南师范大学学报（对外汉语教学与研究版）》2013年第3期。

［59］李欣、严文藩：《海外华文教育标准的类别分析及模型构建》，《华侨大学学报（哲学社会科学版）》2016年第6期。

［60］包文英：《试论汉语国际教育中的公共外交意识》，《华东师范大学学报（哲学社会科学版）》2011年第6期。

［61］陈鹏勇、项健：《侨务公共外交视阈下华文教育发展策略》，《高教探索》2014年第1期。

［62］李兰芳等：《学前教育专业人才培养标准研制历程》，《陕西学前师范学院报》2018年第5期。

［63］仲伟合：《英语类专业创新发展探索》，《外语教学与研究》2014年第1期。

［64］王亮：《英语师范人才培养模式的改革研究》，《辽宁教育行政学院学报》2016年第5期。

［65］郑新民、杨春红：《澳大利亚语言教育政策发展历程中的特征与趋势分析》，《高教探索》2015年第2期。

［66］颜海波：《高师院校教育实践存在的问题及改革路向（下）——以四川省高师院校为例》，《集美大学学报（教育科学版）》2010年第3期。

［67］姚敏：《华文教育关键影响因素分析》，《语言规划学研究》2017年第1期。

［68］曹云华：《全球化、区域化与本土化视野下的东南亚华文教育》，《八桂侨刊》2020年第1期。

［69］肖金发：《论华文教育发展提升的三个维度》，《集美大学学报（教育科学版）》2017年第5期。

［70］李志鹏：《狭中师资队伍建设：校园经济角论》，《马来西亚华文教育》，2007年第7期。

三、英文期刊

[1]Lim，C.S. Presmeg, N. Teaching Mathematics in Two Languages：A Teaching Dilemma of Malaysian Chinese Primary Schools. International Journal of Science and Mathematics Education, 2011(9).

[2]Huang Zhehuang, Huang Jianxin. Personalized Overseas Chinese Education Model Based on Map－Reduce Model of Cloud Computing. College & Research Libraries, 2019(80).

[3]Yang Gong, Boning Lyu, Xuesong Gao. Research on Teaching Chinese as A Second or Foreign Language in and Outside Mainland China: A Bibliometric Analysis. Asia Pacific Education Researcher, 2018(27).

[4]Anchalee, Jansem.‘Professionalism’in Second and Foreign Language Teaching: A Qualitative Research Synthesis[J]. International Education Studies, 2018(11).

[5]Richard Cullen，John Kullman，Carol Wild. Online Collaborative Learning

on An ESL Teacher Education Programme. English Language Teachers Journal, 2013(67).

[6]Veronika Kareva, Jana Echevarria. Using the SIOP Model for Effective Content Teaching with Second and Foreign Language Learners. Journal of Education and Training Studies, 2013(1).

四、学位论文

［1］周东杰：《华文教育师范生培养方案实证研究——以华侨大学为个案》，华侨大学2016年硕士学位论文。

［2］刘宇霞：《暨南大学华文教育专业本科生海外实习情况调查报告》，暨南大学2014年硕士学位论文。

［3］张世义：《利益相关者理论视角下的高校学前教育专业本科人才培养研究》，南京师范大学2014年博士学位论文。

［4］王晓辉：《一流大学个性化人才培养模式研究》，华中师范大学2014年博士学位论文。

［5］赵莉：《研究型大学本科人才培养质量提升研究》，中国矿业大学2017年博士学位论文。

［6］潘宝秀：《越中普通高校体育教育专业本科人才培养模式比较研究》，南京师范大学2018年博士学位论文。

［7］刘思琦：《基于社交网络的华文教育专业学生心理资本提升策略研究》，暨南大学2018年硕士学位论文。

［8］杜思婷：《华侨大学华文教育专业东南亚留学生汉语认同调查分析》，华侨大学2019年硕士学位论文。

［9］刘于逸宁：《对珠三角地区华文教育的调查报告》，吉林大学2015年硕士学位论文。

［10］王平祥：《研究型大学本科教育人才培养目标研究》，华中科技大学2018年博士学位论文。

［11］毛捷：《世界一流大学本科人才培养模式研究——以斯坦福大学为例》，西安外国语大学2017年硕士学位论文。

［12］吴昊：《卓越医生人才培养模式改革对策研究》，吉林大学2018年博士学位论文。

五、其他文献

［1］《暨南大学2005版本科人才培养方案》，暨南大学教务处2005年。

［2］《暨南大学2018版本科人才培养方案》，暨南大学教务处2018年。

［3］《暨南大学2019版本科人才培养方案》，暨南大学教务处2019年。

［4］《华侨大学2006版本科人才培养方案》，华侨大学教务处2006年。

［5］《华侨大学2016版本科人才培养方案》，华侨大学教务处2016年。

［6］《云南师范大学2015版本科人才培养方案》，云南师范大学教务处2015年。

［7］张俊：《华文教育不能仅限语言》，《东方早报》，2004年12月16日。

［8］陈先哲：《"国标"是本科人才培养改革风向标》，《中国教育报》，2016年11月1日。

［9］王雪琳、郝瑜鑫：《华文教育搭建中华文化海外传播桥梁》，《中国社会科学报》，2020年6月23日。

附　录

附录一：

华文教育本科专业人才培养调查问卷

亲爱的同学：

本次调查旨在了解华文教育本科专业人才培养情况，以便进一步完善华文教育专业课程体系和人才培养方案，提高人才培养质量。本次调查采用匿名方式，你的所有回答将被严格保密，仅用于相关学术调查研究。你的回答没有正确、错误之分，请你如实填写调查问卷的各个题目。

谢谢你的支持和配合！

华文教育专业人才培养研究课题组

2019 年 11 月

一、个人信息

年级：_____　班级：_____　性别：_____　年龄：_____

国籍：_____　是否华裔：_____　汉语学习时间：_____

二、专业培养情况

注意事项：请在所选答案的字母上打"√"，或在横线上直接作答。

1. 你为什么选择学习华文教育专业？（可多选）

A. 因为想当华文教师　　　　　　B. 因为有奖学金

C. 一直想来中国看看　　　　　　D. 父母希望我来学习

E. 想做与汉语有关的工作　　　　F. 不知道为什么来

G. 其他_____

2. 你认为华文教育专业学生应具备哪些能力？（可多选，按照选项重要程度排序）

A. 课堂教学技能　　　　　　B. 汉语听说读写技能

C. 与人交往的技能　　　　　D. 团队合作的技能

E. 才艺　　　　　　　　　　F. 教材编写能力

G. 教案设计能力　　　　　　H. 组织社会活动的技能

I. 其他

你的排序是_____。

3. 你认为目前的课程体系应该增加哪一部分？

A. 教育学、心理学　　　　　B. 语言教学技能

C. 语言学知识　　　　　　　D. 中华传统文化

E. 中国艺术　　　　　　　　F. 其他_____

4. 请按照重要程度对以下课程进行排列：

A. 语言课　　　　　　　　　B. 文化课

C. 教育学、心理学课　　　　D. 教学实践课

E. 传统艺术课

你的排序是：_____。

5. 如果你认为华文教育专业课程设置有问题，主要有哪些问题？（可多选）

A. 所学内容过于广泛，缺乏专业性

B. 实践训练还不够，理论性太强

C. 可选的必修课数量太少

D. 选修课重复率太高

E. 其他_____

6. 如果你感到现在的学习比较吃力，你认为有哪些原因？

A. 教材较难　　　　　　　　B. 教师教学方法难以接受

C. 课时不够　　　　　　　　D. 自己的原因

E. 其他_____

7. 对于学习较为吃力的课程，你最想得到什么方式的帮助？（可多选）

A. 希望系里可以分配指导教师

B. 希望老师能够降低难度，并寻找合适方法

C. 希望系里统一进行辅导

D. 希望得到中国学生的辅导

E. 希望得到华文教育专业学姐学长的帮助

F. 其他_____

8. 你如何看待华文教育专业的考勤制度？

A. 很好   B. 考勤应加强

C. 考勤太严格了，应该放松   D. 不应该考勤

E. 其他_____

9. 毕业设计有以下几种形式，你更愿意选哪一种？

A. 论文   B. 教案设计

C. 试卷研制   D. 调研报告

E. 教材或词典编写   F. 其他_____

10. 你认为微型教学方面，还可以采取哪些办法来提高效果？（可多选）

A. 组织更多次的微型教学专题培训

B. 更多地举行微型教学竞赛

C. 在目前的基础上增加练习次数

D. 纳入毕业基本要求的范围

E. 其他_____

11. 你认为应采取哪些办法提高早读效果？（可多选）

如认为目前的早读效果比较好，不需要提高，可不填写此项目。

A. 严格要求并执行早读制度

B. 早读评比

C. 充分利用学生的能力，在教师的指导下编写早读内容

D. 利用早读机会，有效提高每位学生的积极性和朗读水平

E. 期末进行统一考查，成绩作为评奖评优评先等项目参考

F. 请中国学生每天按时带读

G. 其他_____

12. 你认为课外活动应加强哪些方面的内容？（可多选）

A. 演讲　　　　　　B. 诗朗诵　　　　　　C. 主题辩论

D. 话剧　　　　　　E. 相声　　　　　　　F. 小品

G. 口技　　　　　　H. 应用写作　　　　　I. 学术写作

J. 电视剧或电影配音　K. 中华文化知识　　　L. 中文歌曲

M. 其他_____

13. 你认为在华文教育系学习时，哪些方面对你的未来工作有较大的帮助？请按照它们的重要程度排序：_____。

A. 基本理论　　　　　　　　B. 专业知识

C. 专业技能训练　　　　　　D. 毕业论文、毕业设计

E. 学校、学院或者系里举办的各类活动

F. 在学校养成的团队合作和人际交往能力

14. 你毕业后期望从事的工作岗位是：

A. 一直是专职华文教师

B. 既当华文教师，也当其他科目的教师

C. 与华文有关的工作

D. 在华文学校做兼职教师，教华文

E. 跟教育无关的工作

F. 其他_____

三、专业学习满意度调查

请大家根据实际情况，在下表中所选数字下打"√"。其中，1~5表示程度越来越低，如5. 非常满意；4. 比较满意；3. 一般；2. 比较不满意；1. 非常不满意。

专业学习满意度调查表

问题	非常满意	比较满意	一般	比较不满意	非常不满意
15．你对目前华文教育专业的课程是否适合海外华文教育发展的需求的满意度为	5	4	3	2	1
16．你对华文教育专业开设课程情况的整体满意度评价为	5	4	3	2	1
17．你对当前课程设置中语言类、文化类、教育类课程比例的满意度为	5	4	3	2	1
18．你对目前华文教育专业课程评价方式的满意度为	5	4	3	2	1
19．你对华文教育专业教师的整体教学水平的满意度为	5	4	3	2	1
20．你对华文教育课程教学方法的整体满意度评价为	5	4	3	2	1
21．你对目前课程学习中使用教材（包括讲义）的满意度为	5	4	3	2	1
22．你对目前华文教育专业班级管理工作的整体满意度评价为	5	4	3	2	1
23．你对于迟到、旷课严重的学生，减少或者取消他的奖学金/助学金的做法的满意度为	5	4	3	2	1
24．你对华文教育专业的喜欢程度为	5	4	3	2	1
25．你对所有新生按照新HSK的成绩来分A、B、C班的满意度为	5	4	3	2	1
26．你对根据上一年学习情况动态调整分班的满意度为（如A班跟不上可调到B班，C班优秀学生可调到B班）	5	4	3	2	1

问题	非常满意	比较满意	一般	比较不满意	非常不满意
27．你对"三笔（钢笔、粉笔、毛笔）字"练习的满意度为	5	4	3	2	1
28．你对华文教育专业实习安排的满意度为	5	4	3	2	1
29．你对开设简笔画教学的满意度为	5	4	3	2	1
30．你对华文教育专业的整体满意度评价为	5	4	3	2	1

四、开放问题（可自愿作答）

31．在所有你学过的课程中，你认为哪门或者哪些课程最需要改进？为什么？如何改？

32．你对华文教育专业有哪些宝贵建议？请尽情地写出来。感谢！

问卷结束，感谢你的参与！

附录二:

华文教育专业本科人才培养模式的访谈提纲
(针对院系领导)

1. 您认为华文教育本科专业与其他同类专业或相关专业的本质差别体现在哪些方面? 它的特色有哪些方面?

2. 您认为现阶段培养目标定位是否准确? 还存在哪些问题? 您认为的培养目标应包括哪些内容?

3. 您认为人才培养目标的确定,依据什么判断是否合理? (诸如,是否符合华文教师专业人才培养的规律,是否有利于学生的发展和就业,是否符合海外华文教学需求)

4. 根据您的理解,您认为华文教育专业学生经过四年学习,应该具备哪些知识、能力和素质?

5. 您认为海外华文学校,最看重我们毕业生具备哪些方面的知识、能力和素质? 您认为这些要求是否合理?

6. 您认为目前华文教育专业学生,除了汉语言基础薄弱之外,还存在哪些方面的学习困难? 您可以从知识、能力和素质等方面具体阐述吗?

7. 您认为目前课程设置方面存在哪些问题? 如何进一步优化课程设置,加强学生的知识、能力和素质培养?

8. 您认为目前语言类课程、文学文化类课程、教育类课程的比例是否合理? 如不合理,需要从哪些方面做调整优化,重点应该增加哪方面内容,有什么具体建议?

9. 您认为目前课程体系的编排存在哪些问题? 具体原因是什么,有什么建议？

10. 您认为目前实践教学安排是否合理？与理论授课的关系如何协调？您有什么具体建议？

11. 您对教学技能训练安排有什么建议？您认为应该采取何种方式，设置哪些训练项目，才能更好地培养学生教学基本功？如三笔一画、微型教学等。

12. 您认为学生应该从哪个学期开始教育见习安排？您有什么具体建议？

13. 您认为目前教育实习的安排是否合理？您有什么具体建议？

14. 针对目前的毕业设计（论文）形式，您有什么具体建议？

15. 你认为培养方式（分班教学等）存在哪些问题？您有什么具体建议？

16. 目前华文教育本科专业的招生方式，是否影响到华文教育专业人才培养？您有什么具体建议？

17. 对于华文教师的培养，有人认为应根据海外华文教育市场需求来培养，市场急需什么样的人，我们就培养什么样的人，您如何看待此问题？

18. 您认为学校、上级行政主管部门在华文教育本科专业人才培养中的作用有何异同？他们会有哪些利益要求或者出发点？这些利益要求之间是否具有冲突或一致，为什么？请举例说明。

19. 您如何理解华文教育专业本科人才培养模式？您认为人才培养模式涉及哪些要素？比如培养目标、培养标准、课程设置、培养途径、评价方式等。

20. 您认为华文教育本科专业人才培养面临什么困难和障碍吗？您认为从哪几方面出发可以进一步推动华文教师职前专业化培养？

华文教育专业本科人才培养模式的访谈提纲
（针对一线教师）

1. 您认为华文教育本科专业的特色体现在哪些方面？

2. 您认为华文教育本科专业学生跟汉语言专业留学生有什么不同？

3. 您认为学生毕业时应具备哪些知识、能力和素质？

4. 您认为目前华文教育本科专业的课程设置有哪些地方需要改进？

5. 就您所讲授的课程，您会如何根据学生的特点来设计教学内容？

6. 对于华文教育本科专业学生的毕业设计（论文），您认为采取何种形式更有利于培养他们的能力？

7. 针对华文教育本科专业学生，您会采取什么样的教学方法和教学手段？

8. 针对华文教育本科专业学生，您会采取什么样的课程考试考核方式？具体如何实施的？

9. 针对华文教育本科专业学生的分班教学，您遇到什么样的困难？有什么具体的建议？

10. 您认为华文教育本科专业课程教学存在哪些困难？您有什么好的建议？

后 记

　　这本《植根中华 融入当地：华文教育专业本科人才培养模式研究》是在我的博士学位论文的基础上修改而成的。在本书即将付梓之际，我衷心感谢恩师葛新斌先生！博士学位论文的顺利完成，本书的如愿出版，离不开恩师对我的谆谆教导、启发和建议。感念师恩，感恩师情，难忘导师对我的悉心栽培。恩师如父，师恩如山。"经师易得，人师难求"。恩师的学识修养、儒雅包容、严谨治学，指引我不断前行；其敏锐追寻教育前沿，诲人不倦，带领我进入专业研究的殿堂。他循循善诱，教我做学问，本人在职读书，工作繁忙，基础较弱，学业不勤，"笨拙"前行。他不厌其烦，教我做人做事，只因我愚笨"不上门道"，甚为愧疚。他立德树人之风范，令我尤为敬佩；他教书育人之言行，我会铭记终生。身为葛新斌教授门生，实乃我辈之荣幸。人生得遇良师，其丰富的人生阅历为求学迷途中的我拨云见日，指明前进方向，让我对待生活更加充满信心。

　　回想起读博以来的一幕幕过往，不由得感叹时间如白驹过隙，日月如梭。感谢家人对我学习和工作的默默支持与付出，感谢朋友对我的鼓励，感谢为我调查数据、收集整理资料提供帮助的各位老师和同学，你们的热情相助，为调查研究的顺利完成奠定基础。想感谢的人太多、太多……成书之际，拳拳谢意，难以言表。

　　感谢平凡的生活，感谢那个平凡而不放弃追求的自己，即便生活不易，从未选择放弃；即便学业上走了弯路，错过了风景，仍选择努力进取；即便兼顾工作、学业和家庭十分辛苦，也笑对一切活出精彩。论文写作、修改的过程中，生活的烦恼、工作的忙碌、学业的焦虑，纷至沓来，新型冠状病毒肺炎疫情在全国多地蔓延、形势日趋严峻的庚子年春节后，居家办公，不能外出，我在"与世隔绝"中前行，直至完成定稿。细数求学路，思前想后，读书令生活充满选择，给予人们看清世界的机会、前进的勇气。唯读书可以改变人的气质，唯读书可以改变一个农村伢子的生活轨迹。"人生如春蚕，作茧自缠裹；一朝眉羽成，钻破亦在我。"

坐而论道谈求学，人生试与书籍比厚重，只愿记录那短暂即逝的精彩，铭记那微乎其微的平凡，书写那持之以恒的坚持与不曾言败的拼搏。如将人生比作画笔，或将阅历视为宣纸，征途恰似星辰大海，我甘做画笔挥毫于宣纸之上的一动一静、一撇一捺！过去、现在和将来的我，如同串珠之连续环环相扣，水流之奔泻一往无前。忆过去，看现在，谋未来，别有几番滋味，点滴在心头。吾将继续奋斗于生活洪涛之中，走向康庄大道。以此自勉，是为后记。

感谢山西教育出版社全体工作人员为拙著的出版所付出的辛勤劳动。衷心希望国内外同行对拙著的不足之处批评指正，以期切磋共进，对华文教育研究有所贡献。

颜海波

2021年1月